Matemática para o Ensino Fundamental

Caderno de Atividades
9º ano
volume 4

2ª Edição

Manoel Benedito Rodrigues
Carlos Nely C. de Oliveira

São Paulo
2023

Digitação, Diagramação :   Sueli Cardoso dos Santos - suly.santos@gmail.com
Elizabeth Miranda da Silva - elizabeth.ms2015@gmail.com

Dados Internacionais de Catalogação, na Publicação (CIP)

(Câmara Brasileira do Livro, SP, Brasil)

Rodrigues, Manoel Benedito. Oliveira, Carlos Nely C. de.
Matemática / Manoel Benedito Rodrigues. Carlos Nely C. de Oliveira.
- São Paulo: Editora Policarpo, **2ª Ed.** - 2023
ISBN: 978-65-88667-24-8
1. Matemática 2. Ensino fundamental
I. Rodrigues, Manoel Benedito II. Título.

Índices para catálogo sistemático:

site: http://editorapolicarpo.com.br

Todos os direitos reservados à:

EDITORA POLICARPO LTDA

Rua: Dr. Rafael de Barros, 175 – Conj. 01

São Paulo – SP – CEP: 04003 – 041

Tels.: (11) 3288 – 0895 / (11) 3284 – 8916

e – mail: contato@editorapolicarpo.com.br

Índice

I **PROBLEMAS**..01
    1 – Problemas (do 1º grau e porcentagem)...01
    2 – Problemas..18

II **RELAÇÕES MÉTRICAS NO CÍRCULO**..37
    1 – Duas Cordas..37
    2 – Duas Secantes...37
    3 – Uma tangente e uma secante..37

III **RELAÇÕES MÉTRICAS NUM TRIÂNGULO QUALQUER**...........................43
    1 – Lado oposto a um Ângulo Agudo...43
    2 – Lado oposto a um Ângulo Obtuso...43
    3 – Lei dos Cossenos..44
    4 – Natureza de um Triângulo..44
    5 – Lei dos Senos..44
    6 – Fórmula Herão...45
    7 – Circunferância do Triângulo..45

IV **POLÍGONOS REGULARES**..55
    1 – Definições...55
    2 – Elementos Notáveis..55
    3 – Cálculo do lado e Apótema dos Principais Polígonos Regulares......................55
    4 – Área de um Polígono Regular...57

V **COMPRIMENTO DA CIRCUNFERÊNCIA E ÁREA DO CÍRCULO**............63
    1 – Propriedade..63
    2 – O Comprimento da Circunferência..63
    3 – A Área do Círculo..63
    4 – A Área da Coroa Circular...64
    5 – A Área da Setor Circular..64
    6 – A Área da Segmento Circular...64

I PROBLEMAS

" Uma grande descoberta resolve um grande problema, mas há sempre uma pitada de descoberta na resolução de qualquer problema. O problema pode ser modesto, mas se ele desafiar a curiosidade e puser em jogo as faculdades inventivas, quem o resolver por seus próprios meios, experimentará a tensão e gozará o triunfo da descoberta. Experiências tais, numa idade susceptível, poderão gerar o gosto pelo trabalho mental e deixar, por toda a vida, a sua marca na mente e no caráter".

G.POLYA

1 – Problemas (do 1º grau e porcentagem)

Exemplo 1: A soma dos quadrados de dois números ímpares consecutivos é 202. Determinar estes números.

Resolução:

I) A diferença entre dois números ímpares consecutivos é 2, então, se um for x o outro será x + 2.

II) $x^2 + (x+2)^2 = 202 \Rightarrow x^2 + x^2 + 4x + 4 = 202 \Rightarrow$
$2x^2 + 4x - 198 = 0 \Rightarrow x^2 + 2x - 99 = 0 \Rightarrow (x+11)(x-9) = 0 \Rightarrow$
$x = -11$ ou $x = 9$

$\begin{cases} x = -11 & \Rightarrow \text{Os números são } -11 \text{ e } -9 \\ x = 9 & \Rightarrow \text{Os números são } 9 \text{ e } 11 \end{cases}$

Resposta: – 11 e – 9 ou 9 e 11

Exemplo 2: A soma dos algarismos de um número de dois algarismos é 9. A razão entre este número e o número obtido trocando-se a ordem dos algarismos é $\frac{5}{6}$. Determinar este número.

Resolução:

I) Sendo x o algarismo das dezenas e y o das unidades, o número n será $n = 10x + y$. Trocando-se a ordem dos algarismos o novo número será $n' = 10y + x$.

II) $\begin{cases} x + y = 9 \Rightarrow y = 9 - x \\ \dfrac{10x + y}{10y + x} = \dfrac{5}{6} \end{cases} \Rightarrow \dfrac{10x + 9 - x}{10(9-x) + x} = \dfrac{5}{6} \Rightarrow$

$\dfrac{9x - 9}{90 - 9x} = \dfrac{5}{6} \Rightarrow \dfrac{x+1}{10-x} = \dfrac{5}{6} \Rightarrow 6x + 6 = 50 - 5x \Rightarrow$

$11x = 44 \Rightarrow x = 4 \Rightarrow y = 5 \Rightarrow n = 45$

Resposta: 45

Exemplo 3: Um pote contém, misturados, 5 litros gasolina e 8 litros de álcool. Quantos litros de gasolina devemos acrescentar à mistura para que $\frac{7}{11}$ da nova mistura seja de gasolina?

Resolução:

A mistura tem 13 litros. Acrescentando x litros de gasolina, teremos:

$5 + x = \dfrac{7}{11}(13 + x) \Rightarrow 55 + 11x = 91 + 7x \Rightarrow 4x = 36 \Rightarrow x = 9$

Resposta: 9 litros

Exemplo 4:

Tio Tonho tirou uma importância do banco para distribuir entre seus sobrinhos e verificou que se desse R$ 80,00 para cada um, lhe sobrariam R$ 40,00 e se desse R$ 90,00 para cada um, ficaria faltando R$ 130,00. Quantos sobrinhos tem tio Tonho?

Resolução: Sendo C a importância e n o número de sobrinhos, temos:

$C = 80 \cdot n + 40$ e $C = 90 \cdot n - 130 \Rightarrow$

$90n - 130 = 80n + 40 \Rightarrow 10n = 170 \Rightarrow n = 17$ **Resposta:** 17 sobrinhos

Exemplo 5:

Tio José ia dividir R$ 46 400,00 entre seus sobrinhos e na hora da partilha 3 deles abriram mão de suas partes acarretando um aumento de R$ 3480,00 na parte de cada um dos outros. Quantos são os sobrinhos de José?

Resolução: Sendo n o número de sobrinhos de José, temos:

$\dfrac{46\,400}{n-3} = \dfrac{46\,400}{n} + 3480 \Rightarrow \dfrac{4\,640}{n-3} = \dfrac{4\,640}{n} + 348 \Rightarrow$

$\Rightarrow \dfrac{1160}{n-3} = \dfrac{1160}{n} + 87 \Rightarrow \dfrac{40}{n-3} = \dfrac{40}{n} + 3 \Rightarrow 40n = 40(n-3) + 3n(n-3) \Rightarrow$

$\Rightarrow 40n = 40n - 120 + 3n^2 - 9n \Rightarrow 3n^2 - 9n - 120 = 0 \Rightarrow n^2 - 3n - 40 = 0 \Rightarrow$

$\Rightarrow (n-8)(n+5) = 0 \Rightarrow n = 8$ ou $n = -5 \Rightarrow n = 8$ **Resposta:** 8 sobrinhos

Exemplo 6:

Uma torneira gasta 36 min. para encher um tanque e ela e uma segunda torneira juntas gastam 20 min. para encher este tanque. Quanto tempo a segunda torneira gasta para encher este tanque sozinha?

Resolução: Sejam C a capacidade do tanque, V_1 e V_2 as vazões das torneiras e t o tempo que a segunda gasta para encher o tanque sozinha. Então:

$C = V_1 \cdot 36$, $C = V_2 \cdot t$ e $C = (V_1 + V_2) \cdot 20$

$V_1 = \dfrac{C}{36}$, $V_2 = \dfrac{C}{t} \Rightarrow C = \left(\dfrac{C}{36} + \dfrac{C}{t}\right) \cdot 20 \Rightarrow 1 = \left(\dfrac{1}{36} + \dfrac{1}{t}\right) \cdot 20 \Rightarrow$

$\Rightarrow 1 = \dfrac{5}{9} + \dfrac{20}{t} \Rightarrow 9t = 5t + 180 \Rightarrow 4t = 180 \Rightarrow t = 45$ **Resposta:** 45 min.

Exemplo 7:

Junior tem 3 filhos, um com 2 anos, outro com 5 anos e outro com 7 anos e ele vai dividir 280 figurinhas entre eles, em partes diretamente proporcionais às suas idades. Quantas figurinhas receberá cada um?

Resolução: Sejam a, b e c as partes. Então:

$\begin{cases} \dfrac{a}{2} = \dfrac{b}{5} = \dfrac{c}{7} = x \Rightarrow a = 2x, \ b = 5x, \ c = 7x \\ a + b + c = 280 \end{cases}$

$2x + 5x + 7x = 280 \Rightarrow 14x = 280 \Rightarrow x = 20 \Rightarrow a = 40, \ b = 100$ e $c = 140$

Resposta: 40, 100 e 140

Exemplo 8:

Ao pagar uma conta com atraso João pagou 10% de multa e com isto gastou R$ 2200,00 para quitar a conta. Qual era o valor inicial da conta?

Resolução: Sendo x o valor inicial da conta, temos:

$x + 10\%x = 2200 \Rightarrow x + \dfrac{10}{100}x = 2200 \Rightarrow x + \dfrac{x}{10} = 2200 \Rightarrow$

$\Rightarrow x + 0,1x = 2200 \Rightarrow 1,1x = 2200 \Rightarrow 11x = 22000 \Rightarrow$

$\Rightarrow x = 2000$ **Resposta:** R$ 2000,00

Exemplo 9:

Um comerciante vende uma mercadoria por R$ 1800,00 para ter um lucro de 20%. Qual o preço de custo desta mercadoria?

Resolução: Sendo x o preço de custo, temos:

$x + 20\%x = 1800 \Rightarrow x + \dfrac{20}{100}x = 1800 \Rightarrow x + \dfrac{2}{10}x = 1800$

$\Rightarrow x + 0,2x = 1800 \Rightarrow 1,2x = 1800 \Rightarrow 12x = 18000 \Rightarrow 2x = 3000 \Rightarrow$

$\Rightarrow x = 1500$ **Resposta:** R$ 1500,00

Exemplo 10:

Duas mercadorias iguais foram vendidas, uma com um prejuízo de 10% e outra com um lucro de 15%. Se a diferença entre os preços foi de R$ 300,00, qual o custo de cada mercadoria?

Resolução: Sendo x o preço de custo, temos:

$x + 15\%x - (x - 10\%x) = 300 \Rightarrow 15\%x + 10\%x = 300 \Rightarrow$

$\dfrac{15}{100}x + \dfrac{10}{100}x = 300 \Rightarrow \dfrac{25}{100}x = 300 \Rightarrow \dfrac{x}{4} = 300 \Rightarrow x = 1200$

Resposta: R$ 1200,00

Exemplo 11:

Um comerciante remarcou o preço de uma mercadoria, de modo que o novo preço ficou 20% mais barato do que o antigo. Depois de uma semana ele resolve voltar ao preço antigo. Quanto por cento ele deve aumentar o novo preço para voltar ao preço antigo?

Resolução:

1) Sendo x o preço inicial, o novo preço será:

$x - 20\%\, x = 100\%\, x - 20\%x = 80\%\, x = \dfrac{80}{100}x = 0,8x$

2) Seja $\alpha\%$ o aumento que devemos dar a 0,8x para voltarmos para o preço inicial x. Então:

$0,8x + \alpha\%\,(0,8x) = x \Rightarrow \dfrac{8}{10} + \alpha\%\,\dfrac{8}{10} = 1 \Rightarrow$

$\Rightarrow 8 + 8\alpha\% = 10 \Rightarrow 8\alpha\% = 2 \Rightarrow \alpha\% = \dfrac{1}{4} \Rightarrow$

$\alpha\% = 0,25 \Rightarrow \alpha\% = \dfrac{25}{100} \Rightarrow \alpha\% = 25\%$ **Resposta:** 25%

1 Resolver:

a) A soma dos quadrados de três números pares positivos consecutivos é 440. Quais são estes números?

b) Um pai tem 44 anos e seu filho 12. Daqui a quantos anos a idade do pai será o dobro da idade do filho?

c) Em um quintal há patos e cachorros num total de 36 cabeças e 78 pernas. Quantos cachorros e quantos patos há no quintal?

d) Tio João vai dividir R$ 640,00 entre 4 sobrinhos em partes proporcionais às idades deles que são 3, 8, 9 e 12 anos. Quanto receberá cada um?

2 Resolver:

a) Toninho vai dividir um número de gibis entre seus colegas da equipe de atletismo. Verificou que se dar 30 a cada um, faltarão 30 gibis e se der 25 a cada um, sobrarão 10 gibis. Quantos gibis Toninho está dividindo?

---

b) Carlos vai dividir R$ 1050,00 entre seus filhos Antônio, Fernanda e Rodrigo. Antônio vai receber 200 a mais que a metade de Fernanda e Rodrigo 75 a mais que a metade da soma dos dois primeiros. Quanto receberá cada um?

---

c) Paulo tem três filhos e ele tinha 25, 27 e 30 anos quando seus filhos nasceram. Se hoje a soma das idades dele e de seus filhos é 66 anos, quantos anos tem Paulo?

3 Resolver:

a) A soma dos algarismos de um número de dois algarismos é 12 e ele excede o número obtido, trocando a ordem de seus algarismos em 18. Que número é este?

b) Um número de dois algarismos somado com 2 fica igual ao triplo do número que se obtém trocando a ordem dos algarsimos. Que número é este?

c) O algarismo das unidades de um número de três algarismos é 5. Se subtituirmos o algarismo das centenas por 5, o novo número somado com 305 fica igual ao dobro do número inicial. Que número é este?

4 Mário ia dividir R$ 8 400,00 entre seus primos e na hora da partilha 4 deles abriram mão de suas partes. Com isso cada um recebeu R$ 350,00 a mais do que receberia. Quanto primos tem Mário e quanto recebeu cada um?

5 Guilherme após fazer uma viagem de 980 km percebeu que se a velocidade média fosse 28 km/h a mais do que foi, ele teria gasto 4 horas a menos na viagem. Quantas horas ele gastou na viagem?

6 A vazão de uma torneira é de 10ℓ/min.

a) Quantos litros ela jorra em 1 horas?

b) Quanto tempo ela leva para encher um tanque de 1500 litros?

Resp: **1** a) 10, 12 e 14 b) 20 anos c) 3 cachorros e 33 patos d) 60, 160, 180 e 240 reais
2 a) 210 gibis b) 350, 300 e 400 reais c) 37 anos

7 Duas torneiras têm vazões de 20ℓ/min e 30ℓ/min.

a) Quanto tempo gasta cada uma para encher um tanque de 1500 litros?

b) Em quanto tempo as duas juntas encherão este tanque de 1500 litros?

8 Resolver:

a) Uma torneira enche um tanque de 300 litros em 15 min. Qual é a sua vazão?

b) Uma torneira enche um tanque com capacidade de C litros em 6 horas e outra enche este mesmo tanque em 8 horas. Determinar, em função de C, a soma das vazões destas torneiras.

c) Uma torneira enche um tanque em 10 horas e outra o enche em 15 horas. Em quantas horas as duas juntas encherão este mesmo tanque?

9 Resolver:

a) Abertas, uma de cada vez, três torneiras gastam 10, 12 e 15 horas para encher um tanque. Abrindo as três torneiras, ao mesmo tempo, dando vazão para o mesmo tanque, em quanto tempo elas o encherão?

b) Duas torneiras juntas enchem um tanque em 8h e 24 min. Uma delas, sozinha, enche este tanque em 14 horas. Em quando tempo a outra sozinha encherá este mesmo tanque?

10 Um tanque de combustível contém 8 litros de álcool e 18 litros de gasolina. Quantos litros de álcool devemos acrescentar à mistura para que $\frac{3}{5}$ da nova mistura seja de álcool?

Resp: **3** a) 75   b) 82   c) 405   **4** 12 primos, R$ 1 050,00   **5** 14 horas   **6** 2h30 min.

11 Transformar em porcentagem:

a) $\dfrac{35}{100} =$
b) $\dfrac{5}{100} =$
c) $\dfrac{125}{100} =$
d) $\dfrac{100}{100} =$

e) $\dfrac{7}{10} =$
f) $\dfrac{13}{20} =$

g) $\dfrac{9}{25} =$
h) $\dfrac{3}{4} =$

12 Transformar em porcentagem:

a) 0,35 =
b) 0,07 =
c) 1,25 =

d) 1 =
e) 0,3 =
f) 30,5 =

13 Transformar em fração decimal e em seguida, simplificar, se for possível:

a) 32% =
b) 35% =
c) 7% =

d) 145% =
e) 1% =
f) 100% =

14 Transformar em número decimal:

a) 15% =
b) 5% =
c) 125% =

d) 80% =
e) 130% =
f) 150% =

15 Resolver:

a) Se 10% dos eleitores não votaram em uma eleição, qual a porcentagem dos eleitores que votaram?

b) Se 5% dos alunos de uma sala não estavam presentes em uma determinada aula, qual é a porcentagem dos que estavam presentes?

c) Se um aparelho eletrônico custava x e teve um aumento de 20%, ele passou a custar quanto?

d) Se um veículo custava x e o preço caiu 8%, ele passou a custar quanto?

e) Uma mercadoria que custava x teve dois descontos seguidos de 30%. Qual foi o preço após este dois descontos?

16 Resolver:

a) Um produto de preço **x** sofre um aumento de 20% e em seguida outro aumento de 20%. Qual o seu preço final?

b) Uma mercadoria de preço **x** sofre dois aumentos consecutivos de 50%. Qual é o seu preço final?

c) O preço **x** de uma mercadoria sofreu duas quedas seguidas de 50%. Qual o preço final?

d) O preço **a** de um produto sofreu uma queda de 40% e em seguida outra de 35%. Qual o preço final?

e) O preço **y** de uma mercadoria sofre um aumento de 30% e em seguida uma queda de 40%. Qual o preço final?

f) O preço **y** de uma mercadoria sofreu um aumento de 40% e em seguida uma queda de 30%. Qual o preço final?

Resp: **7** a) 75 min e 50 min.   b) 30 min.   **8** a) 20 ℓ/min   b) $\frac{7}{24}$ C   c) 6 horas
9 a) 4 horas   b) 21 horas   **10** 19 litros

17 Resolver:

a) O preço x de uma mercadoria sofre um aumento de 25% e em seguida uma queda de 20%. Qual o preço final?

b) O preço x de uma mercadoria sofre um aumento de 20% e em seguida uma queda de 25%. Qual o preço final?

c) Se um produto custava x e o preço foi para 1,3x, qual foi o aumento porcentual que o produto sofreu?

d) Se um produto custava x e passou a custar 0,8x, qual foi a queda porcentual que o produto sofreu?

18 Escrever diretamente o aumento ou a queda porcentual sofrida pelo produto, nos casos:

a) Custava **x** e passou a custar 1,4 x:

b) Custava **x** e passou a custar 0,9 x:

c) Custava **y** e passou a custar 1,35 y:

d) Custava **a** e passou a custar 4,56 a:

e) Custava **k** e passou a custar 0,05 k:

19 Resolver:

a) Se um produto custava R$ 16,00 e passou a custar R$ 20,00, qual foi o aumento porcentual sofrido pelo produto?

b) Se um produto custava R$ 50,00 e passou a custar R$ 40,00, qual foi a queda porcentual sofrida pelo produto?

c) Se o consumo de água em uma residência subiu, de um mês para o outro, de 28 000 litros para 35 000 litros. Qual foi este aumento porcentual?

d) Por ter usado menos o ar condicionado em um mês do que no anterior, o consumo de energia de uma família foi de 440kWh para 374kWh. Qual foi a queda porcentual do consumo?

e) Ao pagar uma conta de R$ 1450,00 com atraso, João quitou a conta com R$ 1566,00. De quanto por cento foi a multa?

Resp: **11** a) 35%   b) 5%   c) 125%   d) 100%   e) 70%   f) 65%   g) 36%   h) 75%   **12** a) 35%   b) 7%   c) 125%   d) 100%   e) 30%   f) 3 050%   **13** a) $\frac{8}{25}$ b) $\frac{7}{20}$ c) $\frac{7}{100}$ d) $\frac{19}{10}$ e) $\frac{1}{100}$ f) 1

14 a) 0,15   b) 0,05   c) 1,25   d) 0,8   e) 1,3   f) 1,5   **15** a) 90%   b) 95%   c) 1,2x   d) 0,92x   e) 0,49x

16 a) 1,44x   b) 2,25x   c) 0,25x   d) 0,39a   e) 0,78y   f) 0,98y

20 O preço do quilo de feijão em um mês foi de R$ 4,00 para R$ 10,00. Qual foi o porcentual do aumento?

21 Um produto subiu 25% em um mês e 15% em outro. Qual foi o aumento em porcentagem?

22 Um mercadoria teve um aumento de 65% e em seguida uma 9,25% queda de 45%. O que ocorreu, em porcentagem, com o preço desta mercadoria?

23 Os preços anunciados de um fogão e uma geladeira são, respectivamente, R$ 1200,00 e R$ 2800,00. Tendo conseguido um desconto de 12% no preço do fogão e pago R$ 3436,00 na compra das duas mercadorias, qual foi o desconto, por cento, no preço da geladeira?

24 Se x é 30% de y, que porcentagem 20x é de y?

25 Uma loja faturou em dezembro 60% a mais do que faturou em novembro. O faturamento de novembro foi inferior ao de dezembro em quanto por cento?

26 Descontos sucessivos de 20% e 10% equivalem a um único desconto de quanto por cento?

27 Em 2 meses uma ação valorizou 32%. Se no 1º mês ela valorizou 20%, quanto ela valorizou no 2º mês?

Resp: **17** a) x b) 0,9x c) 30% d) 20% **18** a) aumento de 40% b) queda ele 10% c) aumento de 35% d) aumento de 356% e) queda de 95% **19** a) 25% b) 20% c) 25% d) 15% e) 8%

28 (MACK) Um comerciante comprou uma peça de tecido de 50 metros por R$ 1000,00. Se ele vender 20m com lucro de 50%, 20m com lucro de 30% e 10m pelo preço de custo, o seu lucro total na venda dessa peça será de:

a) 8%   b) 12%   c) 20%   d) 32%   e) 40%

29 (MACK) O abatimento que se faz sobre R$ 30 000,00 quando se concede um desconto de 20% e, a seguir mais um de 5% é:

a) R$ 5.700,00   b) R$ 6.900,00   c) R$ 7.200,00   d) R$ 7.500,00   e) R$ 9.000,00

30 (MACK) Sobre uma dívida de R$ 60 000,00 obteve-se um desconto de 10% e, sobre o restante, um outro desconto que a reduziu a R$ 43 200,00. O segundo desconto foi de:

a) 80%   b) 28%   c) 25%   d) 20%   e) 18%

31 (PUC/SP) Supondo uma taxa de inflação de 20% ao ano, aos preços deverão dobrar em aproximadamente:

a) 1 ano   b) 2 anos   c) 3 anos   d) 4 anos   e) 5 anos

32 (F.C.CHAGAS) Um mesmo serviço pode ser feito por A em 8 horas e por B em 12 horas, quando operam separadamente. Se, durante 3 horas, trabalharem juntos nesse serviço, executarão uma parte correspondente aos seus:

a) 15%   b) 24%   c) 30%   d) 43,75%   e) 62,50%

33 (UC/MG) Lucrar 75% sobre o preço de venda de um artigo é equivalente a lucrar sobre o seu custo uma porcentagem de:

a) 125   b) 150   c) 200   d) 225   e) 300

34 (MACK) Nos 3 primeiros meses de um ano a inflação foi respectivamente 5%, 4% e 6%. Nestas condições a inflação acumulada do trimestre foi:

a) 15,752%   b) 15%   c) 12%   d) 18%   e) 15,36%

Resp: **20** 150% **21** 43,75% **22** queda de 9,25% **23** 15% **24** 600% **25** 37,5% **26** 28% **27** 10%

2 – Problemas

Neste capítulo vamos também resolver problemas com auxílio de equações do 2º grau, equações redutíveis a ela e sistemas de equações que caem em equações do 2º grau.

Exemplo 1: Determinar um número cuja soma dele com o seu recíproco (inverso) seja igual a $\frac{13}{6}$.

Resolução: Sendo x o número, diferente de zero, o seu recíproco será $\frac{1}{x}$. Então:

$x + \frac{1}{x} = \frac{13}{6}$ $\Rightarrow$ $6x^2 + 6 = 13x$ $\Rightarrow$ $6x^2 - 13x + 6 = 0$ $\Rightarrow$

$\Delta = 169 - 144 = 25$ $\Rightarrow$ $x = \frac{13 + 5}{12}$ $\Rightarrow$ $x = \frac{18}{12}$ ou $x = \frac{8}{12}$ $\Rightarrow$ $x = \frac{3}{2}$ ou $x = \frac{2}{3}$

Resposta: $\frac{3}{2}$ ou $\frac{2}{3}$

Exemplo 2: Determinar três números consecutivos sabendo que a soma dos quadrados dos dois menores é igual à soma de 32 com 9 vezes o maior deles.

Resolução: Sejam x, x + 1 e x + 2 os números. Então:

$x^2 + (x + 1)^2 = 32 + 9(x + 2)$ $\Rightarrow$ $x^2 + x^2 + 2x + 1 = 32 + 9x + 18$ $\Rightarrow$

$2x^2 - 7x - 49 = 0$ $\Rightarrow$ $\Delta = 49 + 8 \cdot 49 = 49(1 + 8) = 49 \cdot 9$

$x = \frac{7 + 7 \cdot 3}{4}$ $\Rightarrow$ $x = \frac{7 \pm 21}{4}$ $\Rightarrow$ $\frac{28}{4}$ ou $x = \frac{-14}{4}$ $\Rightarrow$ $x = 7$ ou $x = -\frac{7}{2}$

Como x é inteiro, obtemos x = 7 $\Rightarrow$

Resposta: 7, 8 e 9

Exemplo 3: Um tio vai dividir 115 selos entre os sobrinhos A, B e C. B vai receber o dobro de A e C vai receber o quádruplo do quadrado do que receber A. Quantos A vai receber?

Resolução: Se A receber x, B receberá 2x e C receberá $4x^2$. Então:

$x + 2x + 4x^2 = 115$ $\Rightarrow$ $4x^2 + 3x - 115 = 0$ $\Rightarrow$

$\Delta = 9 + 4(460) = 1849 = 43^2$ $\Rightarrow$ $x = \frac{-3 \pm 43}{8}$ $\Rightarrow$ $x = 5$

Resposta: 5 selos

Exemplos 4: Um colecionador ia distribuir 360 gibis em um número de pessoas, mas como 3 pessoas abriram mão de suas partes, isto acarretou um aumento de 20 gibis na parte que caberia a cada um. Quantas pessoas aceitaram os gibis?

Resolução: Se **n** aceitaram, n + 3 era o número inicial de pessoas. Então:

$\frac{360}{n} - \frac{360}{n+3} = 20$ $\Rightarrow$ $\frac{18}{n} - \frac{18}{n+3} = 1$ $\Rightarrow$ $18(n+3) - 18n = n(n+3)$ $\Rightarrow$

$18n + 54 - 18n = n^2 + 3n$ $\Rightarrow$ $n^2 + 3n - 54 = 0$ $\Rightarrow$ $(n+9)(n-6) = 0$ $\Rightarrow$ $n = -9$ ou $n = 6$ $\Rightarrow$

Resposta: 6

Exemplo 5: Determinar um número de dois algarismos sabendo que o algarismo das dezenas excede o dobro do das unidades em 1 unidade e que o produto da diferença dos algarismos pelo número obtido quando trocamos a ordem dos algarismo é 148.

Resolução:

1) Sendo x o algarismo das dezenas e y o das unidades, o número **n** será 10x + y e invertendo a ordem obtemos n' = 10y + x. Então:

$\begin{cases} x = 2y + 1 \\ (x-y)(10y+x) = 148 \end{cases}$ ⇒ $(2y+1-y)(10y+2y+1) = 148$ ⇒

⇒ $(y+1)(12y+1) - 148 = 0$ ⇒ $12y^2 + 13y + 1 - 148 = 0$ ⇒

⇒ $12y^2 + 13y - 147 = 0$ ⇒ $\Delta = 169 + 48(147) = 169 + 7056$ ⇒

⇒ $\Delta = 7225 = 85^2$ ⇒

$y = \dfrac{-13 \pm 85}{24}$ ⇒ $y = \dfrac{72}{24} = 3$ ou $y = \dfrac{-98}{24}$ ⇒ y = 3 ⇒ x = 7 ⇒ n = 73

Resposta: 73

Exemplo 6: Dois móveis A e B, com velocidades de 10 km/h e 20 km/h, respectivamente, distando inicialmente 12 km um do outro, estão em uma estrada que tem um marco M distante 36 km de A, com B entre A e M. Eles partem no sentido de A para B. Depois de quanto tempo estes estarão a uma mesma distância de M?

Resolução:

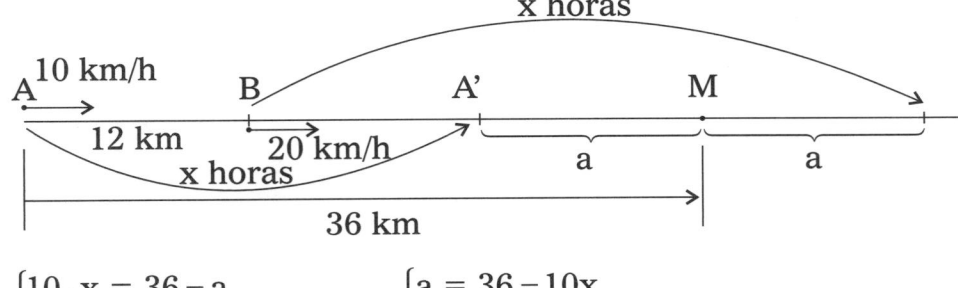

$\begin{cases} 10 \cdot x = 36 - a \\ 20 \cdot x = 36 - 12 + a \end{cases}$ ⇒ $\begin{cases} a = 36 - 10x \\ a = 20x - 24 \end{cases}$ ⇒ $36 - 10x = 20x - 24$

⇒ $30x = 60$ ⇒ x = 2

Resposta: 2 horas

Exemplo 7: Três postos A, B e C com B entre A e C estão em uma estrada, com AB = 100 km. Um automóvel parte de A com velocidade de 60 km/h e outro de B com velocidade de 40 km/h, ambos em direção a C, e chegam em C juntos. Determinar BC.

Resolução:

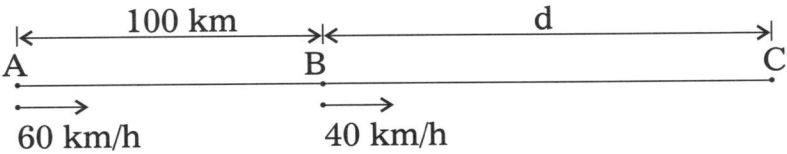

Seja x o tempo que eles levam para chegar em C. Então:

$\begin{cases} 100 + d = 60x \\ d = 40x \end{cases}$ ⇒ $100 + 40x = 60x$ ⇒ $20x = 100$ ⇒ x = 5

Resposta: 5 horas

Exemplo 8: Um barco, com velocidade própria de 18 km/h, parte de um ponto A localizado em um afluente do rio Itararé e desce 80 km até o ponto B onde este afluente desemboca no rio Itaré e, a seguir, sobe este até um ponto C.

Neste percurso ele gasta 18 horas e, no caminho de volta, gasta 15 horas. Determinar a distância que ele percorreu para ir de A até C se a velocidade das águas do rio Itararé é de 3 km/h.

Resolução: Seja x km/h a velocidade do afluente em questão e y km a distância entre B e C.

1) Note que $s = vt \Rightarrow t = \dfrac{s}{v}$

2) No trecho AB a velocidade do banco em relação à margem é $(18 + x)$ km/h e no trecho BC a velocidade é $(18 - 3)$ km/h = 15 km/h. Então:
$$\dfrac{80}{18+x} + \dfrac{y}{15} = 18$$

3) No trecho CB a velocidade do barco em relação à margem é $(18+3)$ km/h = 21 km/h e no trecho BA é $(18 - x)$ km/h. Então: $\dfrac{y}{21} + \dfrac{80}{18-x} = 15$

$$\begin{cases} \dfrac{80}{18+x} + \dfrac{y}{15} = 18 \\ \dfrac{y}{21} + \dfrac{80}{18-x} = 15 \end{cases} \Rightarrow \begin{cases} y = 15\left[18 - \dfrac{80}{18+x}\right] \\ y = 21\left[15 - \dfrac{80}{18-x}\right] \end{cases} \Rightarrow 5\left[18 - \dfrac{80}{18+x}\right] = 7\left[15 - \dfrac{80}{18-x}\right]$$

$\Rightarrow 90 - \dfrac{400}{18+x} = 105 - \dfrac{560}{18-x} \Rightarrow \dfrac{560}{18-x} - \dfrac{400}{18+x} = 15 \Rightarrow \dfrac{112}{18-x} - \dfrac{80}{18+x} = 3 \Rightarrow$

$\Rightarrow 112(18+x) - 80(18-x) = 3(18-x)(18+x) \Rightarrow$

$\Rightarrow 112 \cdot 18 + 112x - 80 \cdot 18 + 80x = 3(324 - x^2) \Rightarrow 192x + 112 \cdot 18 - 80 \cdot 18 = 3(324 - x^2)$

$\Rightarrow 64x + 112 \cdot 6 - 80 \cdot 6 = 324 - x^2 \Rightarrow x^2 + 64x + 672 - 480 - 324 = 0 \Rightarrow$

$\Rightarrow x^2 + 64x - 132 = 0 \Rightarrow (x+66)(x-2) = 0 \Rightarrow x = -66$ ou $x = 2$

Resposta: 290 km

---

35 Resolver:

a) Determinar 3 números pares consecutivos sabendo que o quadrado do maior é igual à soma dos quadrados dos outros dois

b) O quadrado de um número é igual à soma de 20 com o quádruplo da soma dele com 3. Qual é esse número?

36 Resolver:

a) A diferença entre um número e o seu inverso é $\dfrac{21}{10}$. Qual é esse número?

b) Em uma divisão de número naturais, cujo dividendo é 490, verificou-se que o divisor é o dobro do resto e excede o quociente em 11. Determinar o resto.

c) A soma dos quadrados de dois números naturais dividida por cada um deles deixa resto 1 e quocientes 6 e 8. Quais são esses números?

37 Resolver:

a) Somando 9 a um número de dois algarismos obtemos um número com os mesmos algarismos. Se dividirmos o número original pelo produto dos seus algarismos obtemos quociente 2 e resto 5. Qual é esse número?

b) Uma pessoa verificou, depois de ler um livro de 720 páginas, que se lesse 30 páginas a mais por dia, gastaria 2 dias a menos para lê-lo. Em quantos dias ela leu o livro?

c) No final do ano letivo, um grupo de alunos que estava deixando o colégio resolveu trocar fotografias entre si. Quantos alunos havia nesta classe se foram trocadas 870 fotografias?

38 Resolver:

a) Determine 3 números, sabendo que o segundo excede o primeiro na mesma quantia em que o terceiro excede o segundo, e que o produto dos dois menores é 85 e o produto dos dois maiores é 115.

b) Dois trabalhadores trabalhando juntos fazem um serviço em 8 horas. Trabalhando individualmente um pode fazer o mesmo serviço 12 horas mais rápido que o outro. Quantas horas cada um gasta para fazer o serviço individualmente?

Resp: **35** a) 6, 8 e 10 ou – 2, 0 e 2   b) 8 ou – 14   **36** a) $\frac{5}{2}$ ou $-\frac{2}{5}$ b) 14   c) 3 e 4

39 Duas fábricas recebem num mesmo dia encomendas de 810 ternos e 900 ternos, para entregarem em uma mesma data. A segunda completou o pedido 3 dias antes da data e a primeira o completou na data prevista. Quantos ternos faz cada fábrica por dia, se a segunda faz 4 ternos a mais por dia do que a primeira?

40 Uma datilógrafa, depois de ter completado uma tarefa, observou que, se datilografasse 2 páginas a mais por dia, teria terminado o serviço 3 dias antes, e se datilografasse 4 páginas a mais por dia, teria terminado 5 dias antes. Quantas páginas ela datilografou por dia e durante quantos dias?

41 Achar dois números inteiros cuja a soma é igual a 1244 sabendo que se anexarmos o dígito 3 à direita do primeiro e suprimindo o último dígito, que é igual a 2, do segundo, obteremos números iguais.

42 Um número de três algarismos termina em 3. Se o 3 ao invés de estar no fim estivesse no começo do número, mantendo os outros dois algarismos na mesma sequência original, o número obtida superaria o triplo do número original em 1. Determinar este número.

43 Um número excede outro em 10 unidades e um estudante ao multiplicar um pelo outro cometeu um erro, diminuindo 4 do algarismo das dezenas do produto. Ao dividir o produto obtido pelo menor deles, para comprovar o resultado, obteve 39 para quociente e 22 para resto. Determinar esse números, sabendo que são naturais.

Resp: **37** a) 45   b) 8 dias   c) 30 alunos   **38** a) 8,5; 10; 11,5   b) 24 horas e 12 horas

44 Dois postos A e B estão em uma estrada.

a) Se um carro com a velocidade de 75 km/h gasta 4 horas para ir de A até B, qual é a distância entre A e B?

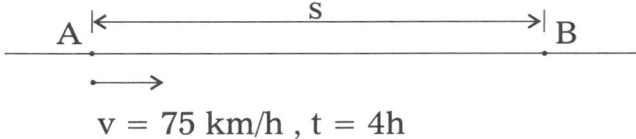

v = 75 km/h , t = 4h

b) Com a velocidade de 60 km/h quantas horas o carro levaria para ir de A até B?

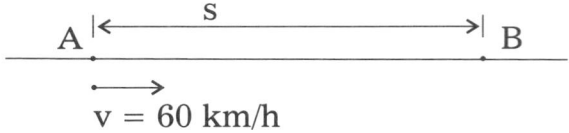

v = 60 km/h

c) Qual deve ser a velocidade média do carro para ir de A até B em 2h30min ?

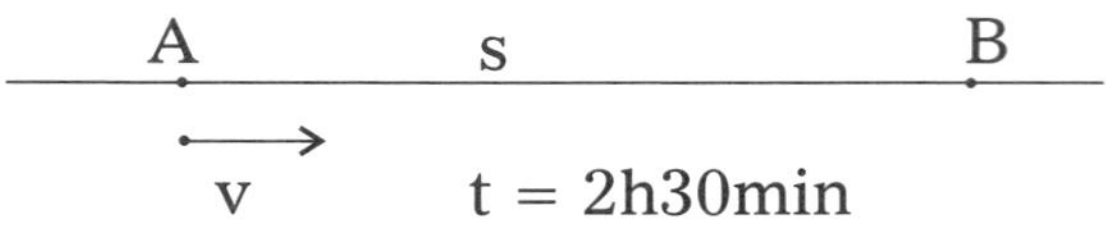

```
    A        s         B
    •_____•
    ─→
    v        t = 2h30min
```

45 Por uma determinada estrada a distância entre duas cidades A e B é de 420 km/h. Um carro nesta estrada passa por A a 40 km/h, no sentido de A para B, alcança em determinado trecho da estrada a velocidade de 130 km/h, faz uma parada em um posto e em seguida retoma a viagem e quando passa por B ele está a 80km/h. Se ele gastou 6 horas entre a passagem por A e a passagem por B, qual a velocidade média deste carro entre A e B?

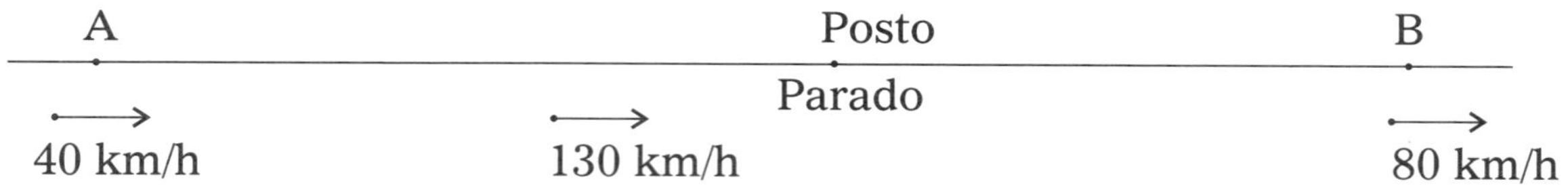

```
     A                        Posto              B
     •_____•_____•
                              Parado
    ─→                 ─→                       ─→
   40 km/h          130 km/h                  80 km/h
```

46 Em uma estrada há 3 postos A, B e C com B entre A e C com AB = 40 km e BC = 135 km. Um ciclista vai de A até B a 20 km/h e de B até C a 45 km/h. Qual é a velocidade média dele no trajeto total de A até C, sabendo que não houve parada em B?

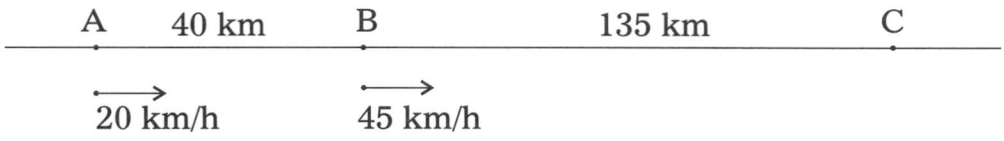

47 Um trecho de estrada é composto de dois trechos, um AB de 240 km e outro BC de 180 km. Um carro faz o primeiro a 80 km/h. A que velocidade ele deve percorrer o segundo trecho para que a velocidade média no percurso total seja de 84 km/h?

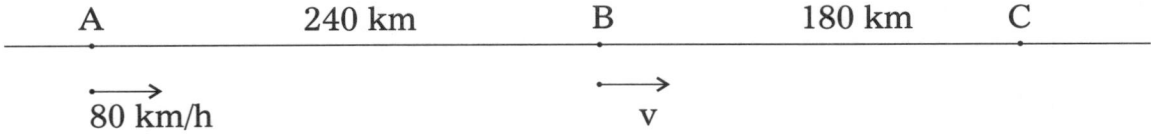

Resp: **39** 20 e 24   **40** 8 páginas por dia durante 15 dias   **41** 12 e 1232   **42** 103   **43** 31 e 41

48 Sejam A, B e C pontos ao longo de uma estrada com B entre A e C.

a) Mostre que se as velocidades médias dele nos trechos AB e AC são iguais a **V**, então a velocidade média dele no trecho todo AC é também igual a **V**.

```
         A              B                    C
         •——————————————•————————————————————•
```

b) Mostre que se um veículo gasta tempos iguais para percorrer os trechos, AB e BC, então a sua velocidade média nos trecho AC é a média aritmética das suas velocidades médias nos trechos AB e BC.

```
         A         B                         C
         •—————————•—————————————————————————•
```

c) Se os trechos AB e BC são iguais e percorridos com velocidades V_1 e V_2, determinar a velocidade média no trecho AC.

```
         A                   B               C
         •———————————————————•———————————————•
```

28

49 A velocidade das águas de um rio é de 3 km/h e um barco com a velocidade própria de 12 km/h sobe e desce este rio. Determinar:

Obs.: Velocidade própria de um barco é a velocidade dele em águas de um lago (água parada)

a) Determinar a velocidade do barco em relação à margem quando ele desce o rio.

⟶ v_a = 3 km/h   ⟶ v_b = 12 km/h

b) Determinar a velocidade do barco em relação à margem quando ele sobe o rio.

⟶ v_a = 3 km/h   ⟵ v_b = 12 km/h

50 Dois postos A e B (A acima e B abaixo) estão nas margens de um rio cuja velocidade das águas é de 2 km/h e a distância entre A e B, navegando pelas águas do rio, é igual a 120 km. Determinar o tempo gasto por um barco com velocidade própria de 10 km/h, para com a mesma velocidade própria,

a) ir de A até B   b) voltar de B até A

v_a = 2 km/h ⟶   A 120 km B
                    $\vec{v_d}$⟶   ⟵$\vec{v_s}$

51 A velocidade das águas de um rio é de 3 km/h. Se um barco leva 12 horas para descer 180 km deste rio, quantas horas ele leva para subir os mesmos 180 km com a mesma velocidade própria?

A   180 km   B

3 km/h ⟶

Resp: **44** a) 300 km b) 5 horas c) 120 km/h   **45** 70 km/h   **46** 35 km/h   **47** 90 km/h

52 Dois pontos A e B estão nas margens de um rio, com a correnteza de 4 km/h indo de A para B. Um barco com a mesma velocidade própria na descida e na subida gasta 9 horas para descer de A até B e 21 horas para subir de B até A, sem parar em B. Determinar:

a) A velocidade própria do barco.
b) A distância entre A e B pelo rio.
c) A velocidade média no percurso todo.

53 Um caminhão parte de um ponto A em direção a um ponto B e uma hora mais tarde um carro parte de A também em direção a B. Ambos chegam em B no mesmo instante. Se eles tivessem partido simultaneamente, um de A e outro de B, indo um de encontro ao outro, esse encontro se daria depois de 1 hora e 12 minutos. Qual o tempo que o caminhão leva para ir A até B?

54 A distância entre duas estações é de 96 km. Um trem com velocidade de 12 km/h mais que outro vai de uma estação a outra em um tempo que é 40 minutos menor do que o tempo gasto pelo outro. Qual é a velocidade de cada trem?

55 A distância entre duas cidades A e B é de 24 km. Uma pessoa parte de A em direção a B no mesmo instante em que uma parte de B em direção a A. A primeira caminha 2 km/h mais rápido do que a segunda e chega em B 1 hora antes da segunda chegar em A. Quantos quilômetros cada uma anda em 1 hora?

Resp: **48** a) $V = \dfrac{V_1 + V_2}{2}$ b) $V_m = V$ c) $V = \dfrac{2 V_1 V_2}{V_1 + V_2}$ **49** a) 15 km/h   b) 9 km/h   **50** a) 10 h   b) 15 h   **51** 20 horas

56 Um barco desce 28 km de um rio e depois retorna ao ponto de partida. Neste percurso ele gasta 7 horas. Ache a velocidade própria do barco, se a velocidade da água do rio é de 3 km/h.

57 O caminho percorrido por um ciclista é composto de 3 partes, sendo a primeira igual a 6 vezes a terceira. Determinar a velocidade média do ciclista no caminho todo, se ela é igual à velocidade dele na segunda parte, é 2 km/h menos que a velocidade dele na primeira parte e é 10 km/h mais que a metade da velocidade dele na terceira parte.

58 Resolver:

a) Por quando deve ser vendida uma mercadoria com custo de R$ 15.000,00, para que o lucro seja de 20%?

b) Paguei por conta de luz, com 10% de multa, R$ 13.750,00. Quanto paguei de multa?

c) Se de cada 225 kg de minério são extraídos 34,2 kg de cobre, qual a porcentagem de cobre que esse minério contém?

59 Resolver:

a) Por 60 exemplares de um livro mais 75 exemplares de um outro, pagou-se R$ 405.000,00. Se houvesse um desconto de 15% no preço dos primeiros e de 10% no preço dos outros, a compra sairia por R$ 355.500,00. Determinar os preços desses dois livros.

b) Uma casa de antiguidades comprou dois objetos por R$ 225.000,00 e os vendeu obtendo um lucro de 40%. Quanto a casa pagou por cada objeto, se o primeiro deu um lucro de 25% e o segundo um lucro de 50%?

c) Se 5% da massa da água do mar é sal, quantos quilogramas de água pura é necessário acrescentar a 40 kg de água do mar para que 2% da mistura obtida seja sal?

d) Duas sacas contém, juntas, 140 kg de farinha. Elas conterão a mesma quantidade se tiramos 12,5% de uma e colocarmos na outra. Quantos quilogramas contém saca?

60 Resolver:

a) Determinar um número de dois algarismos sabendo que a razão entre este número e o produto dos seus algarismos é $2\frac{2}{3}$ e que o número procurado supera em 18 o número que se obtém quando trocamos as posições dos algarismos dele.

b) Determinar um número inteiro positivo sabendo que, se juntarmos 5 à sua direita, o número obtido fica divisível pelo número que excede o número procurado em 3 unidades e que o quociente dessa divisão é superado pelo divisor em 16 unidades.

61 Resolver:

a) Três caixas contém juntas 64,2 kg de açúcar. A segunda contém $\frac{4}{5}$ da primeira e a terceira $42\frac{1}{2}$% da segunda. Quanto tem de açúcar em cada caixa?

b) Uma empreiteira vai fazer uma estrada de ferro simples de 20 km de extensão. Para isso vai usar trilhos de 25 m e 12,5 m de comprimento que estão estocados. Se todos os maiores forem usados, então 50% dos menores devem ser adicionados para completar a estrada e se todos os menores forem usados, então $66\frac{2}{3}$% dos maiores devem ser adicionados. Determinar o número de trilhos de cada tipo (de 25 m e 12,5 m) que ha no estoque.

Resp: **52** a) 10 km/h   b) 126 km   c) 8,4 km/h   **53** 3 horas   **54** 36 km/h e 48 km/h   **55** 6 km e 8 km/h

62 Resolver:

a) Determinar dois números de dois algarismos sabendo que se juntarmos o zero seguido do menor número à direita do maior, e se juntarmos o maior seguido do zero à direita do menor, e dividirmos o primeiro desses números de 5 algarismos pelo segundo, obteremos quociente 2 e resto 590. Sabe-se que a soma do dobro do maior número procurado com o triplo do menor dá 72.

b) Um estudante multiplicou 78 por um número de 2 algarismos cujo algarismo das dezenas é igual ao triplo do das unidades e cometeu um erro permutando os algarismos do segundo fator: com isso obteve um produto que é excedido pelo produto correto em 2808. Qual é o produto correto?

63 Clóvis e Antonio trabalharam um mesmo número de dias. Se Clóvis tivesse trabalhado 1 dia a menos e Antonio 7 dias a menos, então Clóvis teria ganho R$ 72.000,00 e Antonio R$ 64.800,00. Se fosse o contrário, Antônio teria ganho R$ 32.400,00 mais que Clóvis. Quanto ganhou cada um?

64 Ricardo fez um certo número de peças num determinado tempo. Se ele tivesse feito 10 peças a mais por dia, teria completado a tarefa $4\frac{1}{2}$ dias antes e se tivesse feito 5 peças a menos por dia ele teria gasto 3 dias a mais. Quantas peças ele fez e em quantos dias?

65 Uma datilógrafa fez um trabalho num certo tempo, datilografando um certo número de páginas por dia. Ela verificou que se datilografasse 2 páginas a mais por dia, teria terminado o trabalho 2 dias antes e que se aumentasse sua cota diária em 60%, então terminaria o trabalho 4 dias antes, mesmo que o trabalho tivesse 8 páginas a mais. Quantas páginas ela datilografou por dia e em quantos dias?

66 Luciane e Elaine fizeram um trabalho de datilografia. Elaine começou a trabalhar 1 hora depois de Luciane. Três horas depois de Luciane ter começado havia ainda $\frac{9}{20}$ do trabalho para ser concluído. Depois do trabalho concluído verificou-se que cada uma tinha feito metade de todo o trabalho. Quantas horas cada uma levaria para fazer o trabalho todo sozinha?

67 Em um determinado intervalo de tempo era necessário retirar 8000 m³ de terra de um terreno. A operação foi terminada 8 dias antes porque foi retirada 50 m³ a mais por dia do que a cota diária combinada. Determinar o tempo em que o serviço deveria ser feito e a porcentagem em que foi aumentada a cota diária.

68 Bebeto e Cesár fizeram um serviço em 12 horas. Se Bebeto fizesse metade do serviço e depois o César fizesse a outra metade, o serviço seria concluído em 25 horas. Quanto tempo cada um gastaria para fazer o serviço todo sozinho?

69 A distância entre dois postos A e B que estão na margem de um rio é de 20 km. Um barco parte de A, vai até B e retorna a A em 10 horas. Ache a velocidade das águas do rio sabendo que o barco gasta para subir 2 km o mesmo tempo que ele gasta para descer 3 km.

70 A distância entre duas cidades A e B através de um rio é 80 km. Um barco parte de A, vai até B e retorna depois a A em 8 horas e 20 minutos. Ache a velocidade do barco em relação à água, se a velocidade da água do rio é de 4 km/h.

71 Ligando duas cidades A e B existe uma estrada de ferro e um rio. A distância entre A e B pela estrada de ferro é de 66 km e por água é de 80,5 km. O trem deixa A 4 horas depois da partida do barco e chega em B 15 minutos antes. Determinar as velocidades médias do trem e do barco se a do trem é 30 km/h mais do que a do barco.

72 Dois automóveis partiram ao mesmo tempo de um mesmo ponto e no mesmo sentido. A velocidade do primeiro é de 50 km/h e a do segundo 40 km/h. Depois de meia-hora, do mesmo ponto e no mesmo sentido, parte um terceiro automóvel que alcança o primeiro 1,5 horas depois de ter alcançado o segundo. Achar a velocidade do terceiro.

73 Um ciclista tem que fazer uma viagem de 30 km. Tendo iniciado a viagem com um atraso de 3 minutos, teve que aumentar a velocidade em 1 km/h para chegar no horário previsto. Qual a velocidade em que ele fez a viagem?

74 Um trem ficou preso num farol por 16 minutos e teve que percorrer os próximos 80 km com uma velocidade de 10 km/h a mais do que a prevista para poder, então, continuar com a velocidade programada, sem atrasos. Qual é velocidade programada?

75 Um trem tem que percorrer 840 km em um certo tempo. Na metade do caminho ele parou por meia hora e teve que fazer o resto da viagem com a velocidade de 2 km/h a mais que a anterior para poder cumprir o desejado. Em quanto tempo ele fez a viagem?

76 O trem Santa Cruz parte da Estação Roosevelt (SP) com destino ao Rio, tendo uma velocidade de 60 km/h. Ao mesmo tempo, parte da estação D. Pedro II (RIO), com destino a São Paulo, o trem Vera Cruz, com uma velocidade de 40 km/h. Na frente deste, e ao mesmo tempo, parte uma abelha com a velocidade de 70 km/h. Essa abelha vai ao encontro do trem que vem de S. Paulo e, ao encontrá-lo, volta com destino ao Rio até encontrar Vera Cruz e assim sucessivamente até o encontro dos 2 trens. Quanto percorreu a abelha? (A distância São Paulo-Rio vale 500 km.)

77 Um coelho dá 6 saltos enquanto um cachorro dá 5 saltos, mas 6 saltos do cachorro equivalem a 9 saltos do coelho. Quando o cachorro começou a perseguir o coelho, este estava 60 saltos (de coelho) na frente. Quantos saltos deve dar o cachorro para alcançar o coelho?

Resp: **56** 9 km/h   **57** 14 km/h   **58** a) R$ 18.000,00   b) R$ 1.250,00   c) 15,2%

59 a) R$ 3.000,00 e R$ 3.000,00   b) R$ 90.000,00 e R$ 135.000,00   c) 60 kg   d) 80 kg e 60 kg

60 a) 64   b) 22   **61** a) 30 kg, 24 kg e 10,2kg   b) 1200 de 25m e 1600 de 12,5 m

78 Um cachorro parte de um ponto A na perseguição de uma raposa que se encontra 30 m adiante dele. Na corrida, cada pulo do cachorro é de 2 m e da raposa é de 1 m. Se para cada 2 pulos do cachorro a raposa dá 3, a que distância de A o cachorro alcança a raposa?

79 Dois trens distantes 650 km um do outro partem ao encontro um do outro. Se eles partirem simultaneamente, se encontrarão depois de 10 horas. Mas se um deles partor 4 horas e 20 minutos antes do outro, eles se encontrarão 8 horas depois da partida do último trem. Determinar a velocidade de cada trem.

80 Dois trens partem no mesmo instante de duas estações A e B, distantes 600 km, um em direção ao outro. O primeiro trem chega em B três horas antes do outro chegar em A. O primeiro trem faz 250 km no mesmo intervalo de tempo em que o outro faz 200 km. Ache a velocidade cada trem.

81 Fermino partiu a pé para um compromisso e depois de ter andado 3,5 km em 1 hora, verificou que se continuasse nesta velocidade chegaria 1 hora atrasado. Entretanto, ele fez o resto do percurso a 5km/h e chegou 30 minutos adiantado. Que distância Fermino andou?

82 Duas torneiras gastam 6 horas para encher uma piscina. Funcionando individualmente uma delas gasta 5 horas mais que a outra para enchê-la. Quanto tempo gasta cada uma individualmente para enchê-la?

83 Lucas e Fernando montaram um lote de peças. Depois de Lucas ter trabalhando 7 hora e Fernando 4 horas, verificou que $\frac{5}{9}$ do serviço estava concluído. Eles trabalharam simultaneamente por mais 4 horas e, então, notou-se que restava apenas $\frac{1}{18}$ do serviço para que o terminassem. Determinar o tempo que cada um levaria se tivesse que fazer o serviço sozinho.

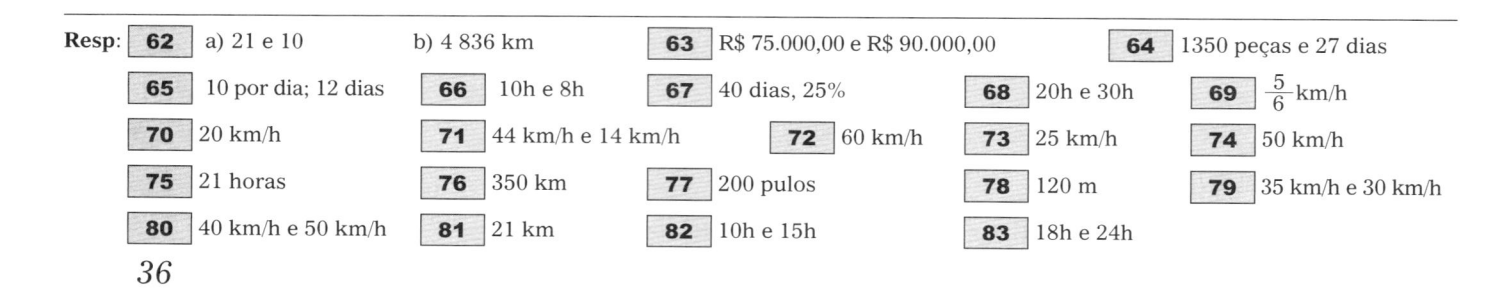

Resp:
62 a) 21 e 10 b) 4 836 km	**63** R$ 75.000,00 e R$ 90.000,00	**64** 1350 peças e 27 dias	
65 10 por dia; 12 dias	**66** 10h e 8h	**67** 40 dias, 25%	**68** 20h e 30h	**69** $\frac{5}{6}$ km/h
70 20 km/h	**71** 44 km/h e 14 km/h	**72** 60 km/h	**73** 25 km/h	**74** 50 km/h
75 21 horas	**76** 350 km	**77** 200 pulos	**78** 120 m	**79** 35 km/h e 30 km/h
80 40 km/h e 50 km/h	**81** 21 km	**82** 10h e 15h	**83** 18h e 24h	

II | RELAÇÕES MÉTRICAS NO CÍRCULO

1 – Duas Cordas

Se duas cordas de uma circunferência têm um ponto em comum entre as extremidades, então, o produto dos segmentos obtidos em uma é igual ao produto dos segmentos obtidos na outra.

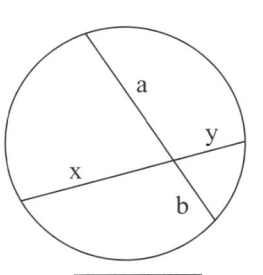

$$ab = xy$$

Demonstração: na figura ao lado os ângulos assinalados com marcas iguais têm mesma medida, um par por ser o.p.v e o outro por ser inscrito e determinarem o mesmo arco.
Então os triângulos assim determinados são semelhantes.

Logo, $\dfrac{a}{y} = \dfrac{x}{b} \Rightarrow ab = xy$

2 – Dua Secantes

Se de um ponto externo conduz-se dois segmentos secantes a uma circunferência, o produto de um deles pela sua parte externa é igual ao produto do outro pela sua parte externa.

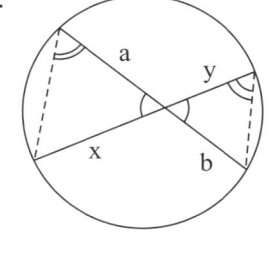

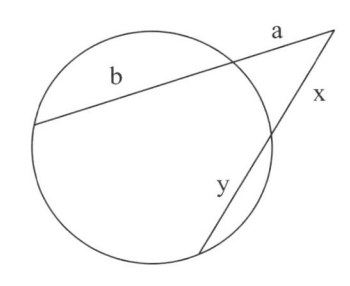

$$a(a+b) = x(x+y)$$

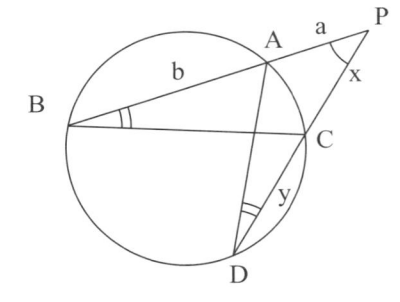

Demonstração:

$\hat{B} = \hat{D}$ (inscritos que subentendem o arco $\widehat{AC}$)

$\hat{P}$ é comum

Logo, $\triangle PBC \sim \triangle PDA$. Daí

$\dfrac{PB}{PD} = \dfrac{PC}{PA} \Rightarrow \dfrac{a+b}{x+y} = \dfrac{x}{a} \Rightarrow a(a+b) = x(x+y)$

3 – Uma Tangente e uma Secante

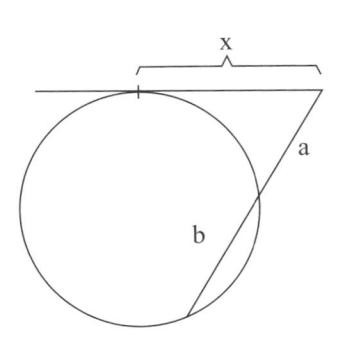

Se de um ponto externo a uma circunferência conduz-se uma reta tangente e outra secante a circunferência, então o quadrado do segmento tangente à circunferência é igual ao produto do segmento secante pela parte dele que é externa a circunferência.

$$x^2 = a(a+b)$$

Demonstração:

PTÂA é ângulo de segmento ⇒ PT̂A = $\frac{\widehat{TA}}{2}$

PB̂T é ângulo inscrito ⇒ PB̂A = $\frac{\widehat{TA}}{2}$

Logo, PT̂A = PB̂T
TP̂A é comum } ⇒ ΔPAT ~ ΔPTB ⇒

⇒ $\frac{PT}{PA} = \frac{PB}{PT}$ ⇒ $\frac{x}{a} = \frac{a+b}{x}$ ⇒ $x^2 = a(a+b)$

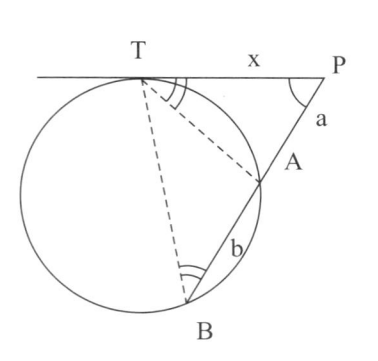

Exemplo 1: Calcule x na figura abaixo.

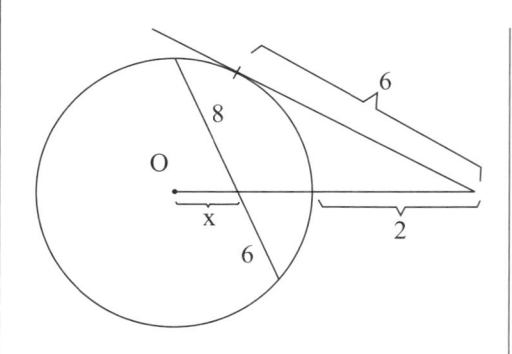

Resolução:

1) Rel. métrica:
   $6^2 = 2 \cdot (2 + 2R)$
   R = 8

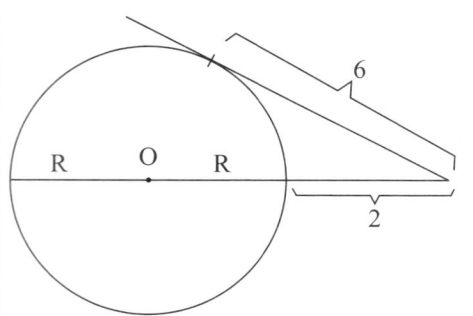

2) Rel. métrica:
   $(8 + x)(8 - x) = 6 \cdot 8$
   $64 - x^2 = 48$
   $x^2 = 16$
   x = 4

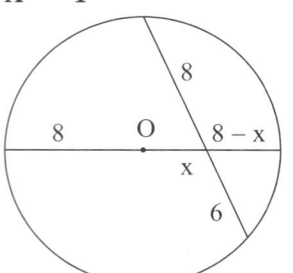

Resposta: 4

Exemplo 2: Determinar o valor x, nos casos:

a)

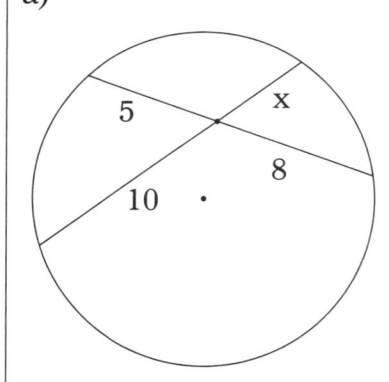

$10 \cdot x = 5 \cdot 8$
$10x = 40$
$\boxed{x = 4}$

b)

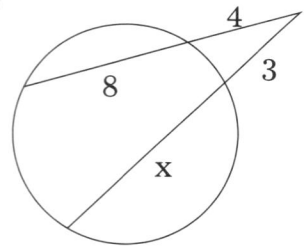

$3(3 + x) = 4(4 + 8)$
$9 + 3x = 48$
$3x = 39$
$\boxed{x = 13}$

c)

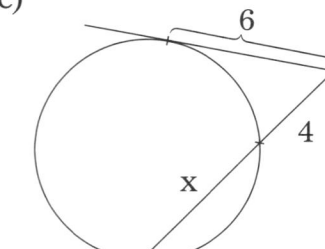

$6^2 = 4(4 + x)$
$36 = 4(4 + x)$
$9 = 4 + x$
$\boxed{x = 5}$

Exemplo 3: Determinar o valor de x, nos casos:

a)

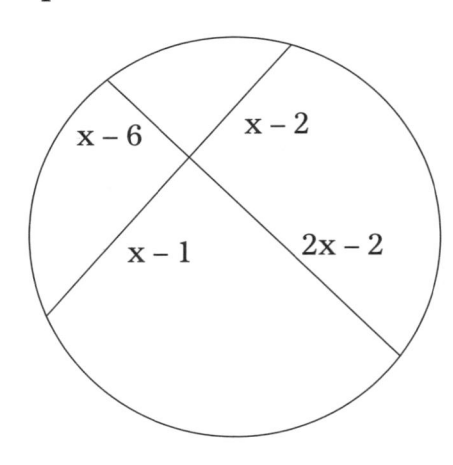

$(2x - 2)(x - 6) = (x - 1)(x - 2)$
$2x^2 - 12x - 2x + 12 = x^2 - 3x + 2$
$x^2 - 11x + 10 = 0$
$(x - 1)(x - 10) = 0 \Rightarrow x = 1 \lor x = 10$
$x = 1$ não convém $\Rightarrow$ $\boxed{x = 10}$

b)

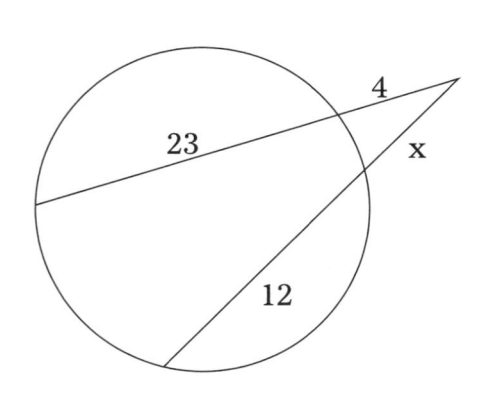

$x(x + 12) = 4(4 + 23)$
$x^2 + 12x = 108$
$x^2 + 12x - 108 = 0$
$(x + 18)(x - 6) = 0$
$x = -18 \lor x = 6 \Rightarrow \boxed{x = 6}$

c)

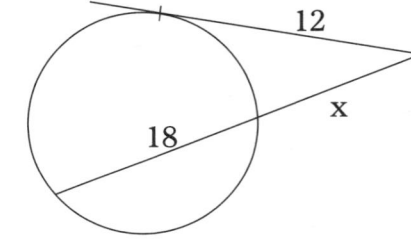

$12^2 = x(x + 18)$
$x^2 + 18x - 144 = 0$
$(x + 24)(x - 6) = 0$
$x = -24 \lor x = 6 \Rightarrow \boxed{x = 6}$

---

84 Complete de modo que a sentença obtida seja verdadeira, nos casos:

a) $ad =$

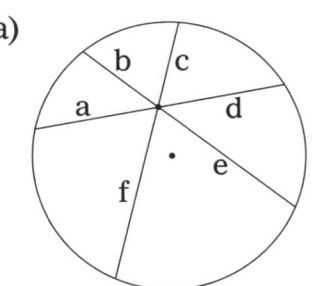

b) $x^2 =$

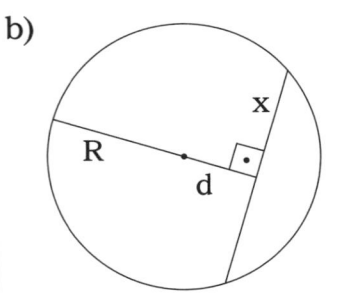

c) $x^2 =$
$x^2 =$
$bd =$

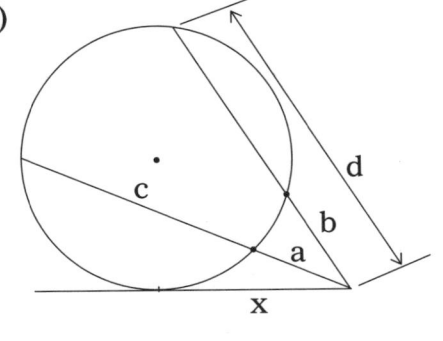

d) $x^2 =$

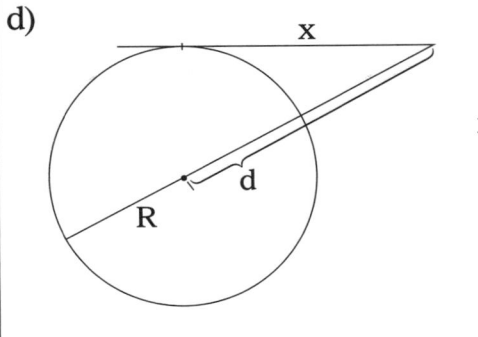

85 Determinar o valor de **x** nos casos:

a)

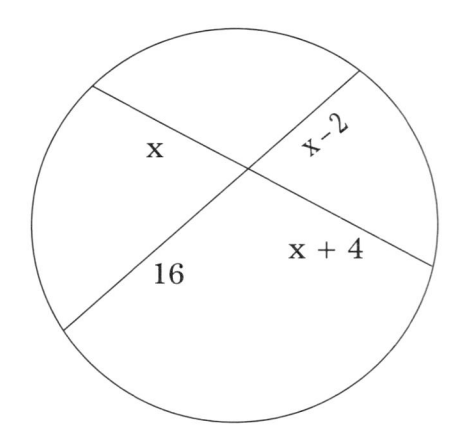

$x \cdot (x+4) = 16 \cdot (x-2)$

b)

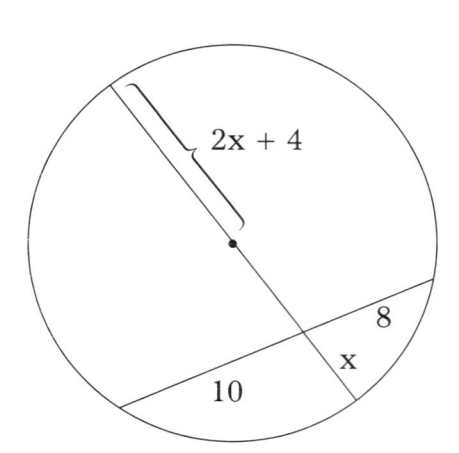

c)

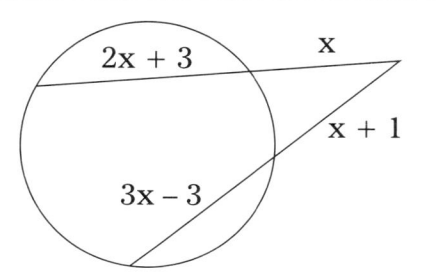

d)

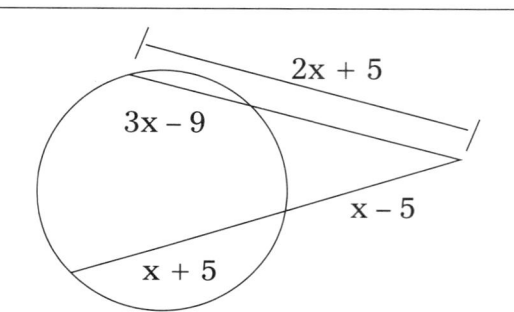

e)

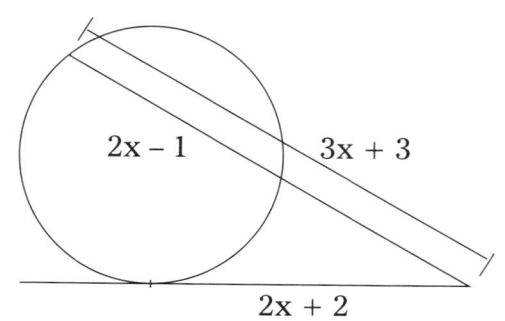

86 Determinar o valor das incógnitas nos casos abaixo:

a)

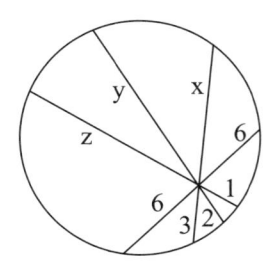

b)

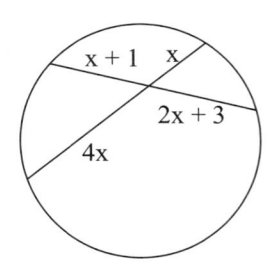

c)

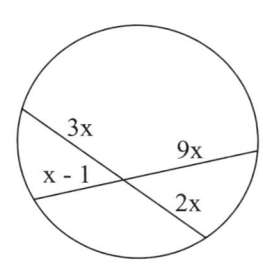

d)

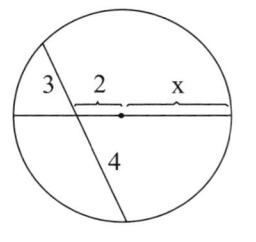

e)

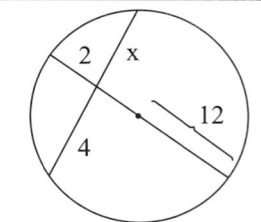

f)

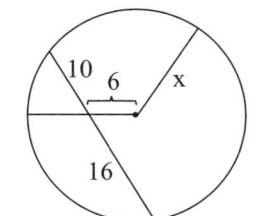

g)

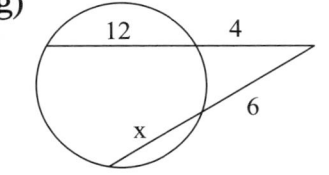

h)

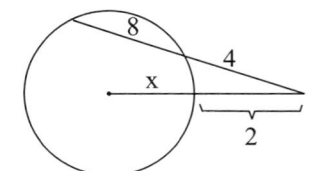

i)

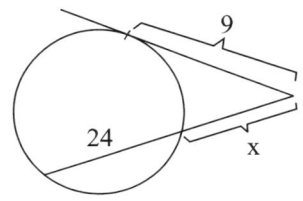

j)

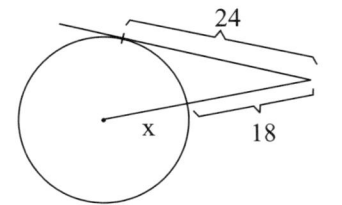

l)

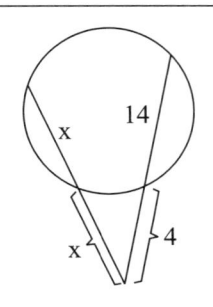

m)

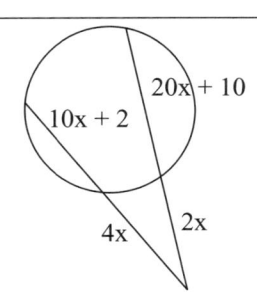

Resp: **84** a) $ad = be = cf$ b) $x^2 = R^2 - d^2$ c) $x^2 = bd$, $x^2 = a(a+c)$, $bd = a(a+c)$ d) $x^2 = d^2 - R^2$

41

87 Determinar o valor das incógnitas nos casos abaixo:

a)

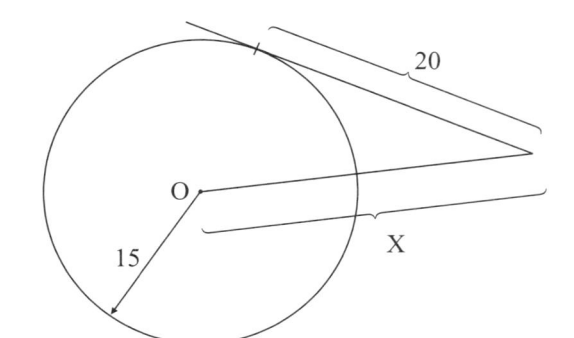

b)

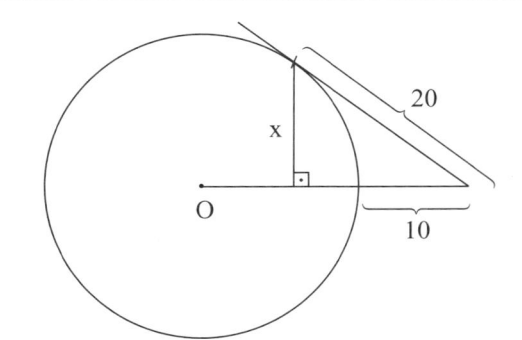

c)

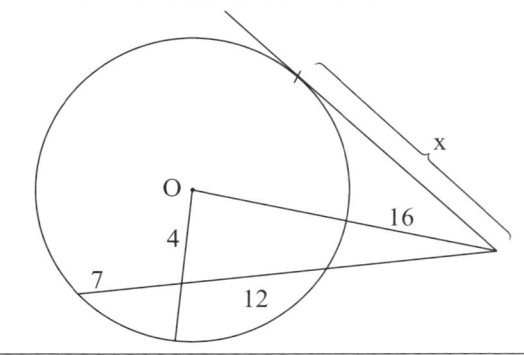

d)

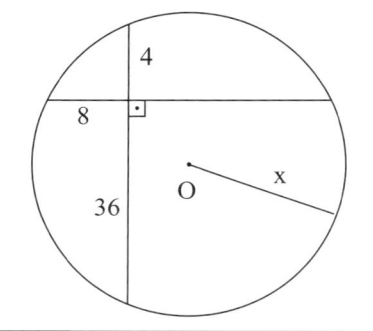

e) AM = MB ; **O** e **P** : centros dos arcos

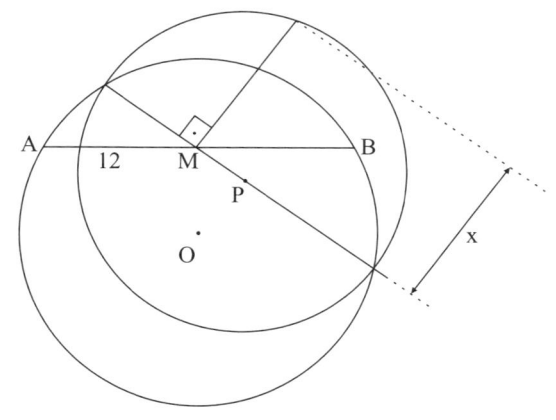

III RELAÇÕES MÉTRICAS NUM TRIÂNGULO QUALQUER

1 – Lado oposto a um Ângulo Agudo

O quadrado do lado oposto a um ângulo agudo de um triângulo é igual a soma dos quadrados dos outros dois, menos o dobro do produto de um lado pela projeção do outro sobre ele.

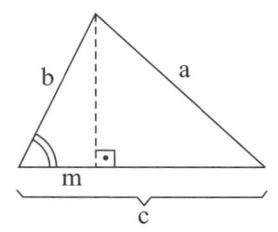

$$a^2 = b^2 + c^2 - 2\,cm$$

Demonstração:

$$\begin{cases} b^2 = h^2 + m^2 \\ a^2 = h^2 + (c-m)^2 \end{cases}$$

$$\Rightarrow \begin{cases} h^2 = b^2 - m^2 \\ a^2 = h^2 + (c-m)^2 \end{cases} \Rightarrow a^2 = b^2 - m^2 + c^2 - 2\,cm + m^2 \Rightarrow \boxed{a^2 = b^2 + c^2 - 2\,cm}$$

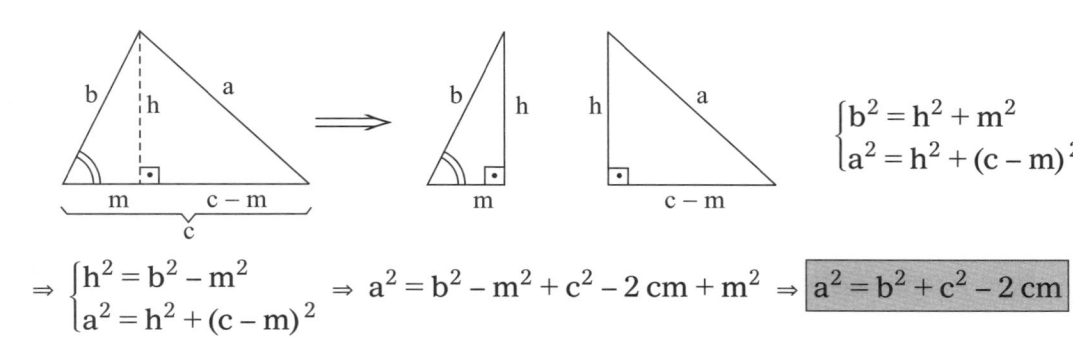

2 – Lado oposto a um Ângulo Obtuso

O quadrado do lado oposto a um ângulo obtuso de um triângulo é igual a soma dos quadrados dos outros dois mais o dobro do produto de um deles pela projeção do outro sobre a reta que o contém.

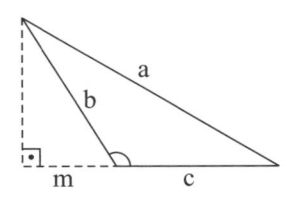

$$a^2 = b^2 + c^2 + 2\,cm$$

Demonstração:

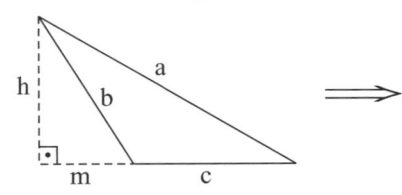

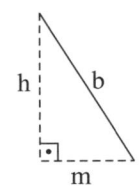

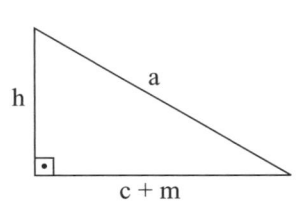

$$\begin{cases} b^2 = h^2 + m^2 \Rightarrow h^2 = b^2 - m^2 \\ a^2 = h^2 + (c+m)^2 \Rightarrow a^2 = b^2 - m^2 + (c+m)^2 \Rightarrow a^2 = b^2 - m^2 + c^2 + 2\,cm + m^2 \Rightarrow \boxed{a^2 = b^2 + c^2 + 2\,cm} \end{cases}$$

Resp: **85** a) 4 ou 8   b) 4   c) 3   d) 10   e) 8   **86** a) x = 12, y = 18, z = 36   b) 3   c) 3   d) 4

e) 11   f) 14   g) $\frac{14}{3}$ h) 11   i) 3   j) 7   l) 6   m) 1

43

3 – Lei dos Cossenos

O quadrado de um lado de um triângulo é igual a soma dos quadrados dos outros dois, menos o dobro do produto destes dois pelo cosseno do ângulo que eles formam.

Demonstração:
Vamos usar o fato de que ângulos suplementares têm cossenos opostos, isto é,

$$\alpha + \beta = 180° \Rightarrow \cos\beta = -\cos\alpha$$

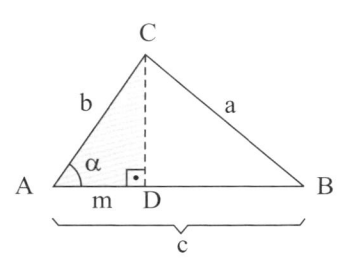

$\triangle ACD$: $\dfrac{m}{b} = \cos\alpha \Rightarrow m = b\cos\alpha$

$\triangle ABC$: $a^2 = b^2 + c^2 - 2cm$

ou $\quad a^2 = b^2 + c^2 - 2c \cdot b\cos\alpha$

logo $\quad \boxed{a^2 = b^2 + c^2 - 2bc\cos\alpha}$

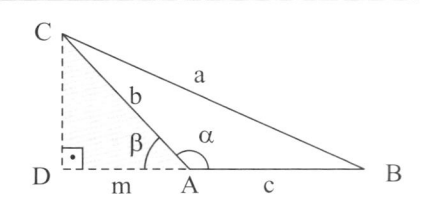

$\triangle ACD$: $\dfrac{m}{b} = \cos\beta = -\cos\alpha \Rightarrow m = -b\cos\alpha$

$\triangle ABC$: $a^2 = b^2 + c^2 + 2cm$

ou $\quad a^2 = b^2 + c^2 + 2c(-b\cos\alpha)$

logo $\quad \boxed{a^2 = b^2 + c^2 - 2bc\cos\alpha}$

4 – Natureza de um Triângulo

Teorema: sejam **a**, **b** e **c** as medidas dos lados de um triângulo, **a** sendo a maior delas, então:

se $a^2 < b^2 + c^2$, o triângulo é acutângulo;
se $a^2 = b^2 + c^2$, o triângulo é retângulo;
se $a^2 > b^2 + c^2$, o triângulo é obtusângulo.

5 – Lei dos Senos

Teorema: Num triângulo, a razão entre um lado e o seno do ângulo oposto a ele é igual ao diâmetro da circunferência circunscrita ao triângulo.

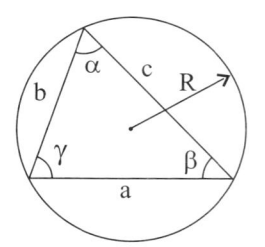

$$\frac{a}{\operatorname{sen}\alpha} = \frac{b}{\operatorname{sen}\beta} = \frac{c}{\operatorname{sen}\gamma} = 2R$$

Demonstração:

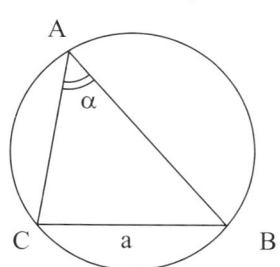

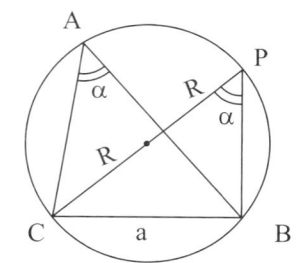

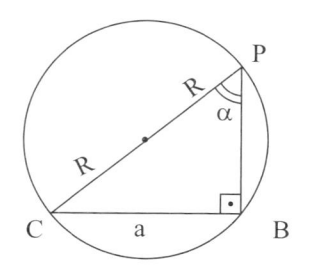

Traça-se o diâmetro $\overline{CP}$. Então $C\hat{P}B = \alpha = C\hat{A}B$, pois subentendem o mesmo arco $\overset{\frown}{BC}$ e PBC é triângulo retângulo em B.

No triângulo PBC: $\dfrac{a}{2R} = \text{sen }\alpha \Rightarrow \boxed{\dfrac{a}{\text{sen }\alpha} = 2R}$

De modo análogo obtém-se $\dfrac{b}{\text{sen}\beta} = 2R$ e $\dfrac{c}{\text{sen }\gamma} = 2R$

Observação: ângulos suplementares têm senos iguais. Por exemplo,
sen 30º = sen 150º ; sen 45º = sen 135º e sen 60º = sen 120º.

6 – Fórmula de Herão

Se **a**, **b** e **c** são os lados de um triângulo de área **A**, então

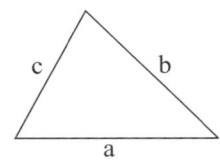

$$A = \sqrt{p(p-a)(p-b)(p-c)}, \text{ onde } p = \dfrac{a+b+c}{2}$$

7 – Área do triângulo dados dois lados e o ângulo formados por eles

A área de um triângulo é igual ao semi-produto de dois lados quaisquer pelo seno do ângulo por eles formado.

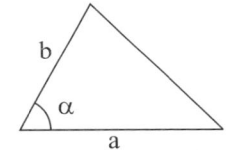

$$A = \dfrac{1}{2} a\, b\, \text{sen }\alpha$$

Demonstração: no $\triangle$ ACD: $\dfrac{h}{b} = \text{sen }\alpha \Rightarrow h = b \cdot \text{sen }\alpha$

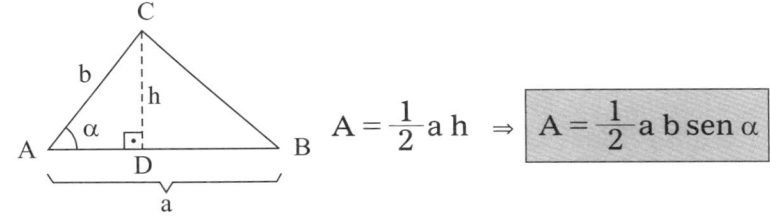

$A = \dfrac{1}{2} a h \Rightarrow \boxed{A = \dfrac{1}{2} a\, b\, \text{sen }\alpha}$

8 – Circunferências do Triângulo

1) Circunferência inscrita

A área de um triângulo é igual ao produto de seu semiperímetro pelo raio da circunferência nele inscrita.

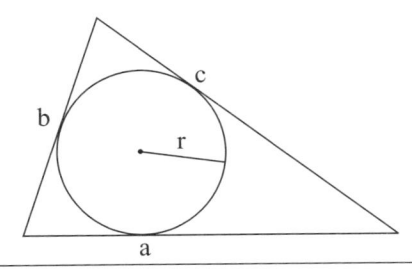

$\boxed{A = pr}$ $\quad p = \dfrac{a+b+c}{2}$

Resp: 87   a) 25   b) 12   c) 24   d) $5\sqrt{17}$ e) 12

Demonstração:

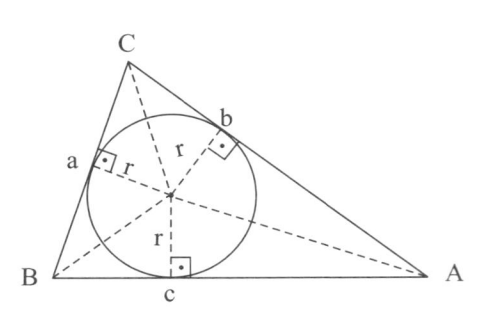

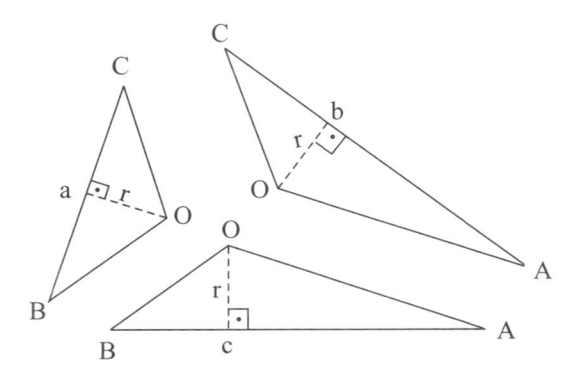

$A_{ABC} = A_{OBC} + A_{OAC} + A_{OAB}$

$A_{ABC} = \dfrac{1}{2} a r + \dfrac{1}{2} b r + \dfrac{1}{2} c r$

$A_{ABC} = \dfrac{a+b+c}{2} \cdot r \Rightarrow \boxed{A_{ABC} = pr}$

2) Circunferência circunscrita

Sejam **a**, **b** e **c** os lados de um triângulo inscrito em uma circunferência de raio R. Então sua área **A** é dada por $A = \dfrac{abc}{4R}$.

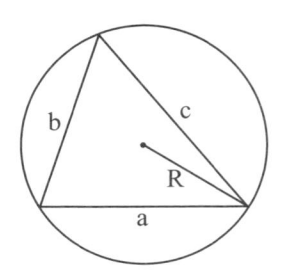

$$A_\Delta = \dfrac{abc}{4R}$$

Demonstração:

Pela lei dos senos: $\dfrac{a}{\operatorname{sen}\alpha} = 2R \Rightarrow \operatorname{sen}\alpha = \dfrac{a}{2R}$

$A_\Delta = \dfrac{1}{2} b c \operatorname{sen}\alpha \Rightarrow A_\Delta = \dfrac{1}{2} b c \cdot \dfrac{a}{2R} \Longrightarrow \boxed{A_\Delta = \dfrac{abc}{4R}}$

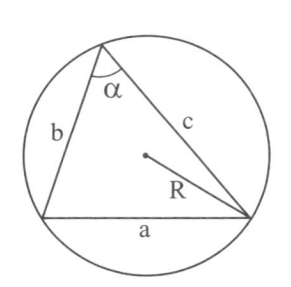

Exemplo 1: Calcule x nos triângulos abaixo.

a) Triângulo ABC com $AB = 4\sqrt{3}$, $AC = \sqrt{13}$, ângulo em B = 30°, $BC = x$.

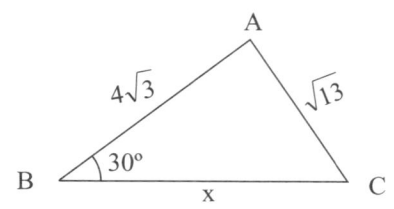

b) Triângulo ABC com $AB = 4\sqrt{3}$, $AC = \sqrt{13}$, ângulo em B = 30°, $BC = x$.

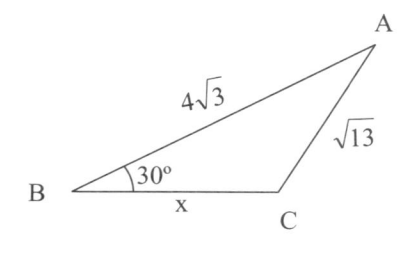

Resolução:

a)

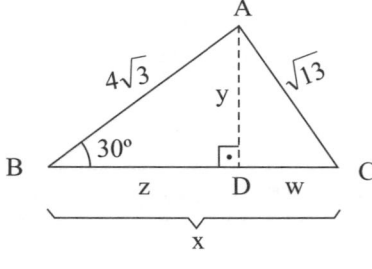

$$\frac{y}{4\sqrt{3}} = \text{sen } 30° \Rightarrow \frac{y}{4\sqrt{3}} = \frac{1}{2} \Rightarrow y = 2\sqrt{3}$$

$$\frac{z}{4\sqrt{3}} = \cos 30° \Rightarrow \frac{z}{4\sqrt{3}} = \frac{\sqrt{3}}{2} \Rightarrow z = 6$$

$$w^2 + y^2 = (\sqrt{13})^2 \Rightarrow w^2 + (2\sqrt{3})^2 = (\sqrt{13})^2 \Rightarrow w = 1$$

$$x = z + w \Rightarrow x = 6 + 1 \Rightarrow \boxed{x = 7}$$

b)

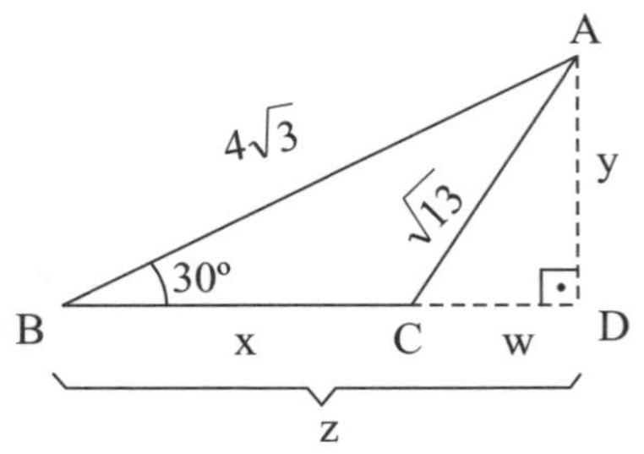

$$\frac{y}{4\sqrt{3}} = \text{sen } 30° \Rightarrow \frac{y}{4\sqrt{3}} = \frac{1}{2} \Rightarrow y = 2\sqrt{3}$$

$$\frac{z}{4\sqrt{3}} = \cos 30° \Rightarrow \frac{z}{4\sqrt{3}} = \frac{\sqrt{3}}{2} \Rightarrow z = 6$$

$$w^2 + y^2 = (\sqrt{13})^2 \Rightarrow w^2 + (2\sqrt{3})^2 = (\sqrt{13})^2 \Rightarrow w = 1$$

$$x = z - w \Rightarrow x = 6 - 1 \Rightarrow \boxed{x = 5}$$

Resposta: a) 7 b) 5

Exemplo 2: Um triângulo tem um ângulo de 30° e o lado oposto a ele mede $\sqrt{13}$ cm. Calcule a medida do lado adjacente ao ângulo 30°, se o outro medir $4\sqrt{3}$ cm.

Resolução:

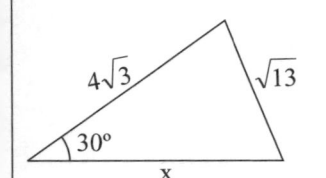

Pela lei dos Co-senos

$$(\sqrt{13})^2 = 4(\sqrt{3})^2 + x^2 - 2 \cdot 4\sqrt{3} \, x \cdot \cos 30°$$

$$13 = 48 + x^2 - 2 \cdot 4\sqrt{3} \cdot x \cdot \frac{\sqrt{3}}{2}$$

$$x^2 - 12x + 35 = 0$$

$$(x-5)(x-7) = 0$$

$$\therefore x = 5 \text{ ou } x = 7$$

Resposta: 5 cm ou 7 cm

Exemplo 3: Calcule x na figura abaixo.

Resolução:

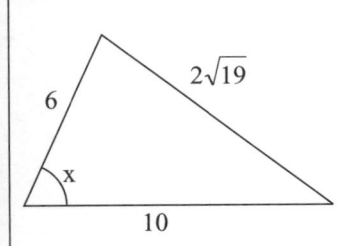

Pela Lei dos Co-senos tem-se:

$$(2\sqrt{19})^2 = 6^2 + 10^2 - 2 \cdot 6 \cdot 10 \cdot \cos x$$

$$4 \cdot 19 = 36 + 100 - 12 \cdot 10 \cdot \cos x \; (\div 4)$$

$$19 = 9 + 25 - 3 \cdot 10 \cdot \cos x$$

$$19 = 34 - 30 \cdot \cos x$$

$$30 \cdot \cos x = 34 - 19 \Rightarrow 30 \cos x = 15 \Rightarrow \cos x = \frac{1}{2}$$

$$\therefore x = 60°$$

Resposta: 60°

Exemplo 4: Dadas as medidas a, b e c, em uma mesma unidade, dos lados de um triângulo, determinar a natureza, quantos aos ângulos, deste triângulo, nos casos:

a) a = 17, b = 15, c = 8   b) a = 18, b = 15, c = 8   c) a = 16, b = 15, c = 8

Resolução:

Comparamos o quadrado do maior com a soma dos quadrados dos outros dois.

a) $17^2 = 289$, $15^2 = 225$, $8^2 = 64$

$289 \; ? \; 225 + 64 = 289 \implies 289 = 225 + 64 \implies 17^2 = 15^2 + 8^2 \implies$

É um **triângulo retângulo**:

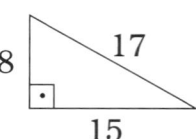

(Um ângulo reto e dois agudos)

b) $18^2 = 324$, $15^2 = 225$, $8^2 = 64 \implies$

$324 \; ? \; 225 + 64 = 289 \implies 324 > 225 + 64 \implies 18^2 > 15^2 + 8^2 \implies$

É um **triângulo obtusângulo**: $x > 90°$

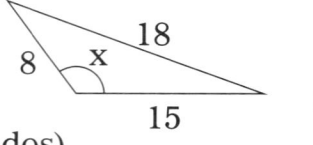

(Um ângulo obtuso e dois agudos)

c) $16^2 = 256$, $15^2 = 225$, $8^2 = 64$

$256 \; ? \; 225 + 64 = 289 \implies 256 < 225 + 64 \implies 16^2 < 15^2 + 8^2 \implies$

É um **triângulo acutângulo**:   x, y e z são agudos.

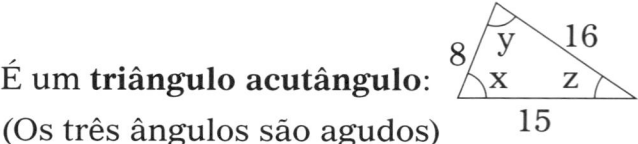

(Os três ângulos são agudos)

Exemplos 5: Dois lados menores de um triângulo escaleno medem 6 e 8, em uma mesma unidade, quanto deve medir o maior lado para que ele seja acutângulo?

Resolução: Sendo **a** a medida do maior lado, para que o triângulo seja acutângulo devemos ter:

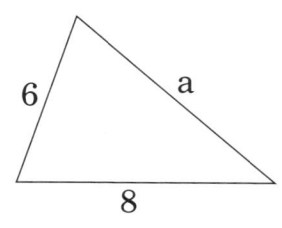

$a^2 < 6^2 + 10^2 \implies a^2 < 100 \implies a^2 - 100 < 0 \implies -10 < a < 10$

E como a é maior que 8, obtemos:

$8 < a \text{ e } a < 10 \implies 8 < a < 10$

Resposta: $8 < a < 10$

Exemplo 6: Dois lados menores de um triângulo escaleno medem 9 cm e 12 cm, quanto deve medir o outro lado, de modo que o triângulo seja obtusângulo?

Resolução: Sendo a a medida do maior lado, em cm, devemos ter, para que ele seja obtusângulo:

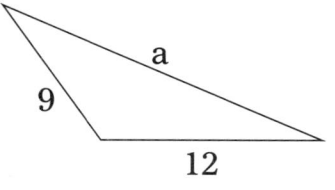

$a^2 > 9^2 + 12^2 \Rightarrow a^2 > 225 \Rightarrow a^2 - 225 > 0$

$\Rightarrow a < -15$ ou $a > 15$.

Como a é positivo devemos ter $\boxed{a > 15}$

Para que exista o triângulo devemos ter:

$12 - 9 < a < 12 + 9 \Rightarrow \boxed{3 < a < 21}$. Então:

$\boxed{15 < a < 21}$

Resposta: $15 < a < 21$

Exemplo 7: Dois lados de um triângulo medem 6 cm e 8 cm. Quanto deve medir o terceiro lado, de modo que o triângulo seja obtusângulo?

Resolução: Seja a cm a medida do terceiro lado.

1) Para que existe o triângulo devemos ter:

Obs.: Para que três medidas, dadas em uma mesma unidade, sejam medidas dos lados de um triângulo, cada uma tem que ser menor que a soma das outras duas. Isto equivale a: "Uma delas qualquer tem que estar entre a soma e a diferença positiva ou nula das outras duas."

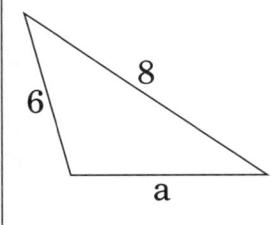

$8 - 6 < a < 8 + 6 \Rightarrow \boxed{2 < a < 14}$

2) Se 8 for o maior lado, temos;

$8^2 > a^2 + 6^2 \Rightarrow 64 - 36 > a^2 \Rightarrow a^2 < 28 \Rightarrow$

$a^2 - 28 < 0 \Rightarrow \boxed{-2\sqrt{7} < a < 2\sqrt{7}}$

Como $2 < a < 14$, obtemos: $\boxed{2 < a < 2\sqrt{7}}$

3) Se a for o maior lado, temos:

$a^2 > 6^2 + 8^2 \Rightarrow a^2 > 100 \Rightarrow a^2 - 100 > 0 \Rightarrow$

$\boxed{a < -10 \text{ ou } a > 10}$

Como $2 < a < 14$, obtemos: $\boxed{10 < a < 14}$

Resposta: $2 < a < 2\sqrt{7}$ ou $10 < a < 14$

Exemplo 8: Primeiramente observe a informação dada e a projeção ortogonal **P'** do ponto **P** sobre a reta **r** e a projeção ortogonal A'B' de AB sobre a reta **r**.

A projeção ortogonal de um **P** sobre uma reta **r** é o ponto P', pé da reta **s** que passa por P e é perpendicular à reta **r**.

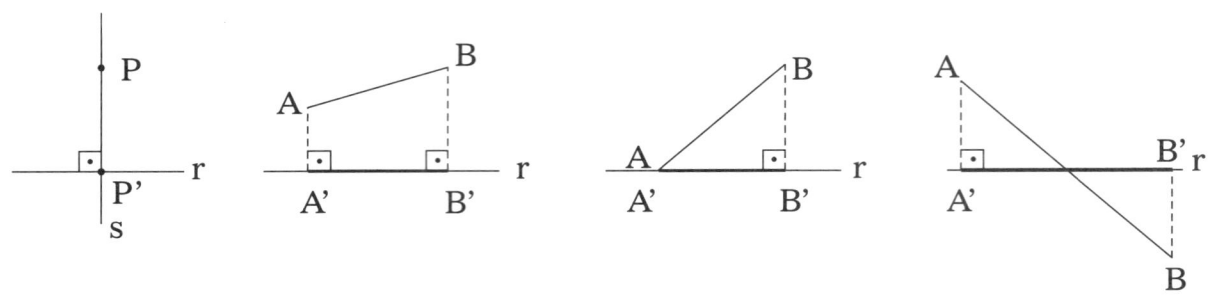

Considere um triângulo com lado **a** oposto a um ângulo agudo, os outros lados sendo **b** e **c** e com **n** sendo a projeção ortogonal de **c** sobre a reta de **b**. E observe a relação já demonstrada.

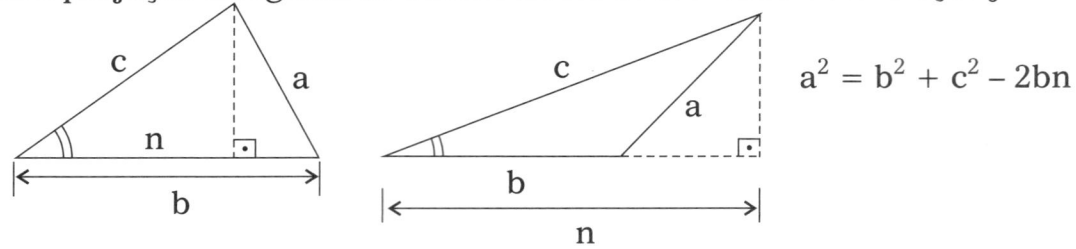

$$a^2 = b^2 + c^2 - 2bn$$

Seja agora **a** o lado oposto a um ângulo obtuso e **n** a projeção ortogonal de **c** sobre a reta de **b**. E observe a relação demonstrada.

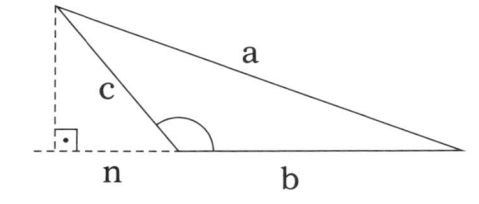

$$a^2 = b^2 + c^2 + 2bn$$

Os problemas que usam estas duas fórmulas podem ser resolvidos com dois Pitágoras.

Exemplo: Os lados de triângulo medem 5 cm, 7 cm e $2\sqrt{29}$ cm.

Determinar a projeção ortogonal do menor sobre a reta do que mede 7 cm.

Resolução: 1) Natureza do triângulo: $(2\sqrt{29})^2 = 116$, $5^2 = 25$, $7^2 = 49$

$116 > 25 + 49 \Longrightarrow$ triângulo obtusângulo. Fazemos a figura

Podemos usar: $(2\sqrt{29})^2 = 5^2 + 7^2 + 2 \cdot 7 \cdot n$ ou:

$\begin{cases} h^2 + n^2 = 5^2 \\ h^2 + (n+7)^2 = (2\sqrt{29})^2 \end{cases} \Longrightarrow \begin{cases} -h^2 - n^2 = -25 \\ h^2 + n^2 + 14n + 49 = 116 \end{cases} \Longrightarrow$

$\Longrightarrow 14n + 49 = -25 + 116 \Longrightarrow 14n + 49 = 91 \Longrightarrow$

$2n + 7 = 13 \Longrightarrow 2n = 6 \Longrightarrow \boxed{n = 3}$

Resposta: 3 cm

Exemplo 9: Aplicando a lei dos senos, determinar x, nos casos:

a)

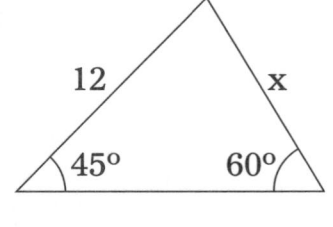

$$\frac{x}{\text{sen }45°} = \frac{12}{\text{sen }60°} \Longrightarrow$$

$$\text{sen }60° \cdot x = \text{sen }45° \cdot 12$$

$$\frac{\sqrt{3}}{2}x = \frac{\sqrt{2}}{2} \cdot 12 \Longrightarrow \sqrt{3}x = 12\sqrt{2} \Longrightarrow$$

$$x = \frac{12\sqrt{2}}{\sqrt{3}} = \frac{12\sqrt{2}}{\sqrt{3}} \cdot \frac{\sqrt{3}}{\sqrt{3}} \Longrightarrow \boxed{x = 4\sqrt{6}}$$

b)

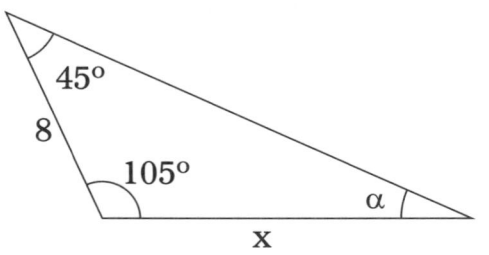

1) $\alpha + 105° + 45° = 180° \Longrightarrow \alpha = 30°$

2) $\frac{x}{\text{sen }45°} = \frac{8}{\text{sen }30°} \Longrightarrow$

$\text{sen }30° \cdot x = 8 \cdot \text{sen }45°$

$\frac{1}{2}x = 8 \cdot \frac{\sqrt{2}}{2} \Longrightarrow \boxed{x = 8\sqrt{2}}$

Resposta: a) $4\sqrt{6}$ b) $8\sqrt{2}$

Exemplo 10: Determinar a medida α.

Resolução:

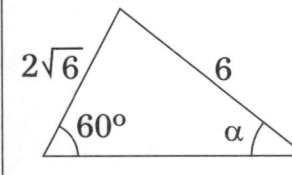

Aplicando a lei de senos, temos:

$\frac{2\sqrt{6}}{\text{sen }\alpha} = \frac{6}{\text{sen }60°} \Longrightarrow 6\text{ sen }\alpha = 2\sqrt{6}\text{ sen }60° \Longrightarrow$

$6\text{ sen }\alpha = 2\sqrt{6} \cdot \frac{\sqrt{3}}{2} \Longrightarrow 6\text{ sen }\alpha = 3\sqrt{2} \Longrightarrow \text{sen }\alpha = \frac{\sqrt{2}}{2} \Longrightarrow \boxed{\alpha = 45°}$

Resposta: 45°

Exemplo 11: Determinar o raio R no item (a) e x no item (b).

a)

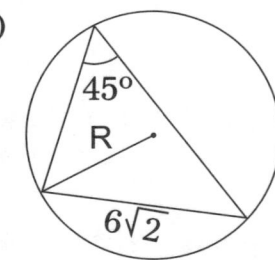

Lei dos senos:

$\frac{6\sqrt{2}}{\text{sen }45°} = 2R$

$2R \cdot \frac{\sqrt{2}}{2} = 6\sqrt{2}$

$\boxed{R = 6}$

b)

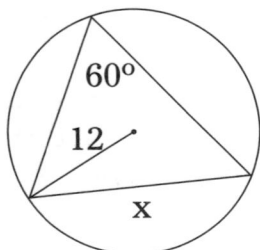

Lei dos senos:

$\frac{x}{\text{sen }60°} = 2R$

$x = \text{sen }60° \cdot (2 \cdot 12)$

$x = \frac{\sqrt{3}}{2} \cdot 24 \Longrightarrow$

$\boxed{x = 12\sqrt{3}}$

Resposta: a) 6   b) $12\sqrt{3}$

Exemplo 12: Determinar R.

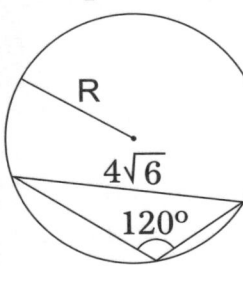

1) Sabe-se que $\text{sen }120° = \text{sen }60°$

2) Lei dos senos: $\frac{4\sqrt{6}}{\text{sen }120°} = 2R \Longrightarrow \text{sen }120° \cdot 2R = 4\sqrt{6} \Longrightarrow$

$\Longrightarrow \text{sen }60° \cdot 2R = 4\sqrt{6} \Longrightarrow \frac{\sqrt{3}}{2} \cdot 2R = 4\sqrt{6} \Longrightarrow \boxed{R = 4\sqrt{2}}$

Resposta: $4\sqrt{2}$

Exemplo 13: Calcule a área do triângulo isósceles ABC.

Resolução:

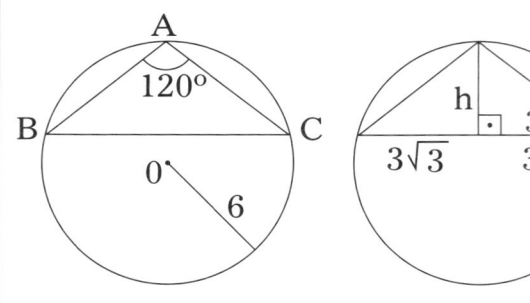

1) Lei dos Senos:

$$\frac{BC}{\text{sen}\,120°} = 2R \Rightarrow BC = \text{sen}\,120°\,(2 \cdot 6)$$

$$\Rightarrow BC = \text{sen}\,60° \cdot 12 \Rightarrow$$

$$BC = \frac{\sqrt{3}}{2} \cdot 12 \Rightarrow \boxed{BC = 6\sqrt{3}}$$

2) $\text{tg}\,30° = \dfrac{h}{3\sqrt{3}} \Rightarrow \dfrac{\sqrt{3}}{3} = \dfrac{h}{3\sqrt{3}}\;\boxed{h = 3}$

3) $A = \dfrac{(BC)h}{2} \Rightarrow A = \dfrac{6\sqrt{3} \cdot 3}{2} \Rightarrow \boxed{A = 9\sqrt{3}}$

Resposta: $9\sqrt{3}$

Exemplo 14: Determinar a área de um triângulo cujos lados medem 6 cm, 7 cm e 9 cm.

Resolução: Aplicamos a fórmula de Herão

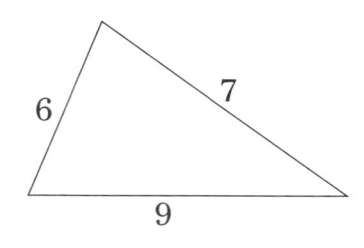

$A = \sqrt{p(p-a)(p-b)(p-c)}$ onde a, b e c são os lados e **P** é semi-perímetro $\left(p = \dfrac{a+b+c}{2}\right)$

1) $p = \dfrac{6+7+9}{2} \Rightarrow p = \dfrac{22}{2} \Rightarrow \boxed{p = 11}$

2) $S = \sqrt{p(p-a)(p-b)(p-c)}$

$S = \sqrt{11(11-6)(11-7)(11-9)} \Rightarrow$

$S = \sqrt{11 \cdot 5 \cdot 4 \cdot 2} = 2\sqrt{11 \cdot 5 \cdot 2} \Rightarrow S = 2\sqrt{110}$

Obs.: Dados os lados de um triângulo, com dois Pitágoras determinamos uma altura qualquer e em seguida sua área. Mas quando as medidas dos lados forem números inteiros, o melhor modo é por Herão. Quando não for escaleno, há outros modos.

Resposta: $2\sqrt{110}$ cm²

Exemplo 15: Dois lados de um triângulo medem 6 cm e 8 cm e formam um ângulo de 60°. Determinar a sua área.

Resolução: De imediato podemos determinar as alturas relativas aos lados dados, e então determinar a área. Mas, podemos determinar a área usando a fórmula deduzida:

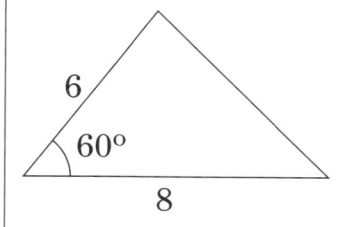

$S = \dfrac{1}{2} ab\,\text{sen}\,\theta \Rightarrow S = \dfrac{1}{2} \cdot 6 \cdot 8 \cdot \text{sen}\,60° \Rightarrow$

$S = \dfrac{1}{2} \cdot 6 \cdot 8 \dfrac{\sqrt{3}}{2} \Rightarrow \boxed{S = 12\sqrt{3}}$

Resposta: $12\sqrt{3}$ cm²

Exemplo 16: Mostre que a área de um paralelogramo de lados **a** e **b** que formam ângulo agudo α é dada por S = ab sen α.

Resolução: 1º modo (Determinando a altura relativa a um dos lados)

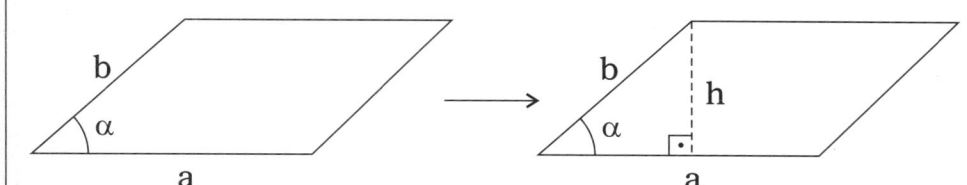

1) $\operatorname{sen}\alpha = \dfrac{h}{b} \implies h = b\operatorname{sen}\alpha$

2) $S = ah \implies \boxed{S = ab\operatorname{sen}\alpha}$

2º modo (A diagonal determina dois triângulos de áreas iguais)

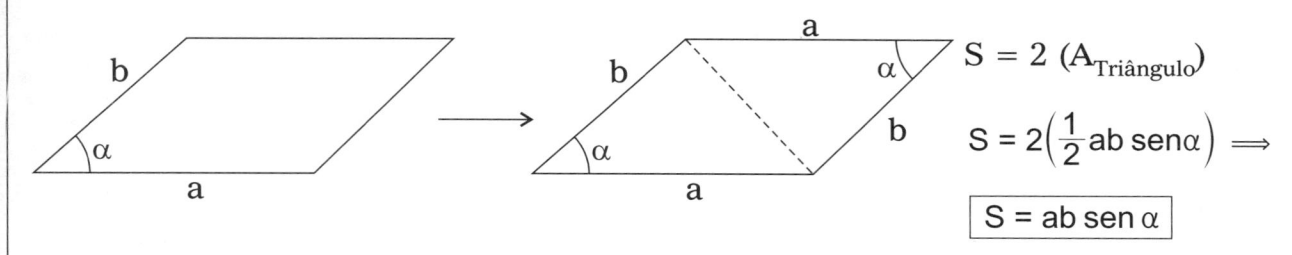

$S = 2\,(A_{\text{Triângulo}})$

$S = 2\left(\dfrac{1}{2}ab\operatorname{sen}\alpha\right) \implies$

$\boxed{S = ab\operatorname{sen}\alpha}$

Obs.: Como sen α = sen β, quando α + β = 180°, podemos usar na fórmula deduzida, sen α ou sen β. Podemos usar sempre o agudo.

Exemplo 17: Determinar o raio **r** da circunferência inscrita e o raio **R** a circunscrita a um triângulo de lados com 5 cm, 7 cm e 8 cm.

Resolução: Há outros modos, mas o mais simples é determinar a área S por Herão e aplicar as fórmulas $S = pr$ e $S = \dfrac{abc}{4R}$ onde p é o semiperímetro e a, b e c são os lados.

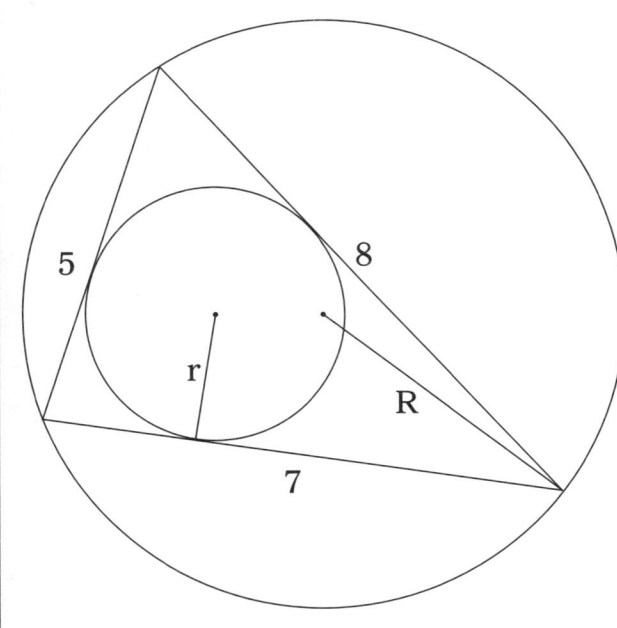

1) Área S, por Herão

$p = \dfrac{5+7+8}{2} = 10$ e $S = \sqrt{p(p-a)(p-b)(p-c)}$

$S = \sqrt{10(10-5)(10-7)(10-8)}$

$S = \sqrt{10 \cdot 5 \cdot 3 \cdot 2} \implies \boxed{S = 10\sqrt{3}}$

2) Raio da inscrita (r)

$S = pr \implies 10\sqrt{3} = 10r \implies \boxed{r = \sqrt{3}}$

3) Raio da circunscrita (R)

$S = \dfrac{abc}{4R} \implies 10\sqrt{3} = \dfrac{5 \cdot 7 \cdot 8}{4R} \implies$

$\implies 10\sqrt{3} = \dfrac{10 \cdot 7}{R} \implies R = \dfrac{7}{\sqrt{3}} = \dfrac{7\sqrt{3}}{\sqrt{3} \cdot \sqrt{3}} \implies \boxed{R = \dfrac{7\sqrt{3}}{3}}$

Resposta: $r = \sqrt{3}$ e $R = \dfrac{7\sqrt{3}}{3}$

88 Verificar se existe triângulo cujos lados tem as medidas, em uma mesma unidade, dadas, nos casos:

Obs.: Para que três medidas dadas sejam dos lados de um triângulo, cada uma tem que ser menor que a soma das medidas das outras duas. Isto equivale a: "Uma medida qualquer tem que estar entre a soma e a diferença, positiva ou nula, das outras duas."

a) 6, 10 e 14

b) 6, 10 e 18

c) 1, 15 e 15

d) 20, 24 e 5

e) $2\sqrt{3}$, 18 e 20

f) 5, 37 e 42

89 Dadas as medidas de dois lados de um triângulo, determinar o intervalo de variação da medida do terceiro lado.

Obs.: Nos exercícios que não forem dadas as unidades, considerar uma mesma unidade para as medidas.

a) 6 e 8

b) 10 e 15

c) 12 e 12

d) 1 e 9

e) $\sqrt{3}$ e $\sqrt{2}$

f) 7 e 7

90 Dadas as medidas dos três lados de um triângulo, determinar a sua natureza.

a) 5, 12 e 13

b) 9, 12 e 14

c) 8, 10 e 15

91 Dadas as medidas de dois lados menores de um triângulo escaleno, determinar a medida do lado maior para que ele seja acutângulo, nos casos:

a) 12 e 16

b) 6 e 4

92 Dados dois lados menores de um triângulo escaleno, determinar o lado maior para que ele seja obtusângulo, nos casos:

a) 8 e 15

b) 2 e 4

93 Dois lados de um triângulo medem 4 cm e 6 cm. Determinar a medida do terceiro lado de modo que o triângulo seja obtusângulo.

94 Dois lados de um triângulo medem 5 cm e 10 cm. Determinar a medida do outro lado, de modo que o triângulo seja acutângulo.

95 Determinar a projeção ortogonal do lado AB sobre a reta do lado AC, dados os lados de ABC, nos casos: (Fazer com dois Pitágoras).

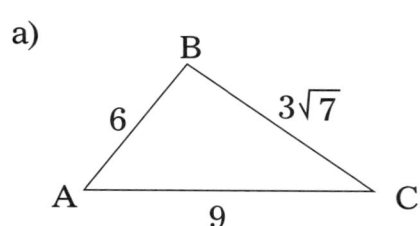

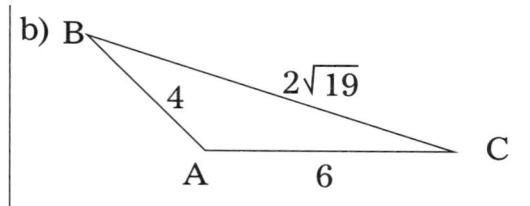

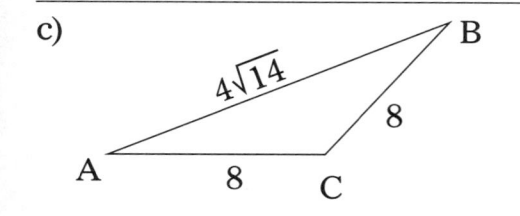

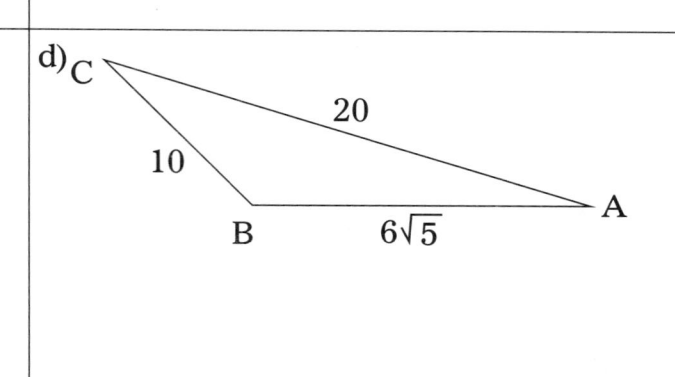

a) Triângulo ABC com AB = 6, BC = $3\sqrt{7}$, AC = 9.

b) Triângulo ABC com AB = 4, BC = $2\sqrt{19}$, AC = 6.

c) Triângulo ABC com AB = $4\sqrt{14}$, BC = 8, AC = 8.

d) Triângulo ABC com CB = 10, CA = 20, BA = $6\sqrt{5}$.

96 De um triângulo ABC, temos: AB = 12 cm, AC = 8 cm e BC = 6 cm. Determinar a projeção ortogonal de AC sobre a reta de BC. Determinar primeiro a natureza do triângulo.

Resp: **88** a) Sim b) Não c) Sim d) Sim e) Sim f) Não   **89** a) 2 < x < 14   b) 5 < x < 15   c) 0 < x < 24   d) 8 < x < 10   e) $\sqrt{3} - \sqrt{2} < x < \sqrt{3} + \sqrt{2}$ f) 0 < x < 14   **90** a) triângulo retângulo   b) triângulo acutângulo   c) triângulo obtusângulo   **91** a) 16 < x < 20   b) 6 < x < $2\sqrt{13}$ **92** a) 17 < x < 23   b) $2\sqrt{5}$ < x < 6

97. Observar as figuras com os eixos dos senos e dos cossenos para notar que ângulos suplementares (soma = 180°) têm senos iguais e cossenos opostos.

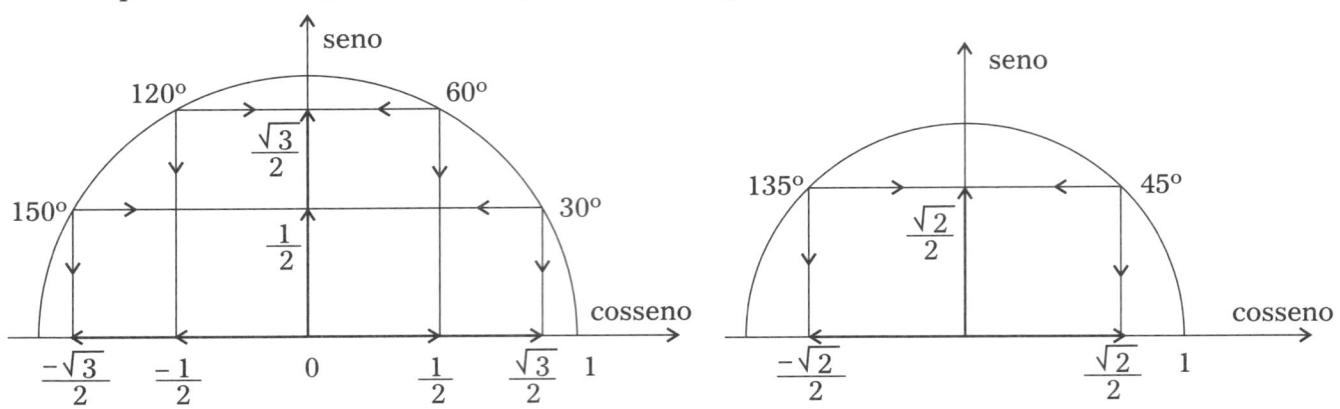

$\operatorname{sen} 30° = \cos 60° = \dfrac{1}{2}$, $\operatorname{sen} 60° = \cos 30° = \dfrac{\sqrt{3}}{2}$, $\operatorname{sen} 45° = \cos 45° = \dfrac{\sqrt{2}}{2}$

$\operatorname{sen} 150° = \operatorname{sen} 30° = \dfrac{1}{2}$, $\operatorname{sen} 120° = \operatorname{sen} 60° = \dfrac{\sqrt{3}}{2}$, $\operatorname{sen} 135° = \operatorname{sen} 45° = \dfrac{\sqrt{2}}{2}$

$\cos 150° = -\cos 30° = -\dfrac{\sqrt{3}}{2}$, $\cos 120° = -\cos 60° = -\dfrac{1}{2}$, $\cos 135° = -\cos 45° = -\dfrac{\sqrt{2}}{2}$

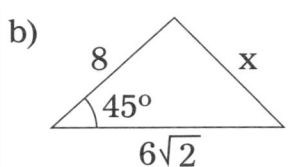

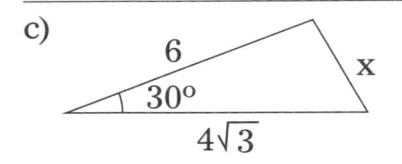

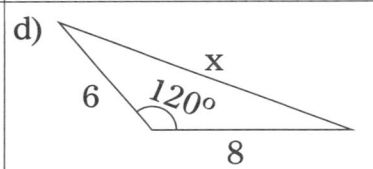

Determinar o valor de x, nos casos:

a) Triângulo com lados 4 e 6, ângulo 60°, lado oposto x.

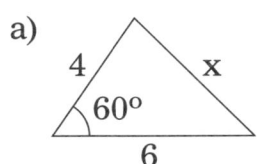

$x^2 = 4^2 + 6^2 - 2 \cdot 4 \cdot 6 \cdot \cos 60° = 16 + 36 - 24 = 28$

$x = 2\sqrt{7}$

b) Triângulo com lados 8 e $6\sqrt{2}$, ângulo 45°, lado oposto x.

$x^2 = 64 + 72 - 2 \cdot 8 \cdot 6\sqrt{2} \cdot \dfrac{\sqrt{2}}{2} = 136 - 96 = 40$

$x = 2\sqrt{10}$

c) Triângulo com lados 6 e $4\sqrt{3}$, ângulo 30°, lado oposto x.

$x^2 = 36 + 48 - 2 \cdot 6 \cdot 4\sqrt{3} \cdot \dfrac{\sqrt{3}}{2} = 84 - 72 = 12$

$x = 2\sqrt{3}$

d) Triângulo com lados 6 e 8, ângulo 120°, lado oposto x.

$x^2 = 36 + 64 - 2 \cdot 6 \cdot 8 \cdot \left(-\dfrac{1}{2}\right) = 100 + 48 = 148$

$x = 2\sqrt{37}$

e) Triângulo com lados 4 e $2\sqrt{3}$, ângulo 150°, lado oposto x.

$x^2 = 16 + 12 - 2 \cdot 4 \cdot 2\sqrt{3} \cdot \left(-\dfrac{\sqrt{3}}{2}\right) = 28 + 24 = 52$

$x = 2\sqrt{13}$

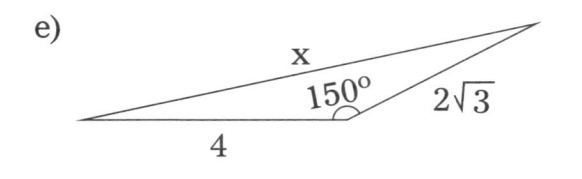

f) Triângulo com lados 6 e 2, ângulo 135°, lado oposto x.

$x^2 = 36 + 4 - 2 \cdot 6 \cdot 2 \cdot \left(-\dfrac{\sqrt{2}}{2}\right) = 40 + 12\sqrt{2}$

$x = \sqrt{40 + 12\sqrt{2}}$

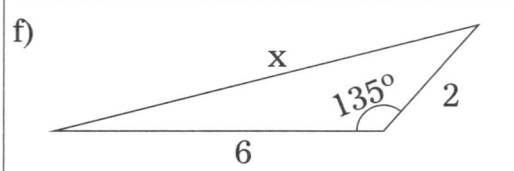

98 Determinar o valor de x, nos casos:

a) Triângulo com lados 8, $4\sqrt{7}$, x e ângulo de 60° entre 8 e x.

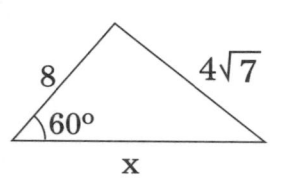

b) Triângulo com lados x, $4\sqrt{7}$, 12 e ângulo de 60° entre x e 12.

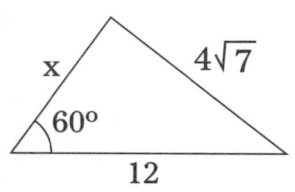

99 Determinar o ângulo α, nos casos:

a) Triângulo com lados 4, $\sqrt{21}$, 5 e ângulo α entre 4 e 5.

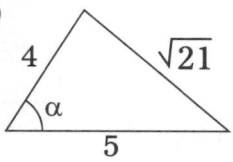

b) Triângulo com lados $5a$, $4\sqrt{2}\,a$, $7a$ e ângulo α entre $4\sqrt{2}\,a$ e $7a$.

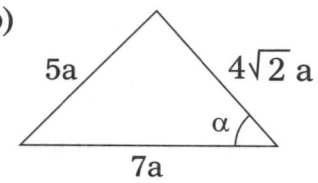

c) Triângulo com lados 12, 6, $6\sqrt{7}$ e ângulo α entre 12 e 6.

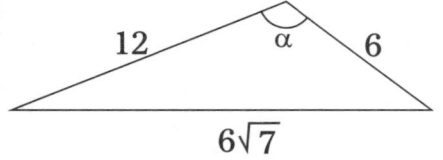

d) Triângulo com lados $4\sqrt{3}$, 8, $4\sqrt{3}$ e ângulo α entre $4\sqrt{3}$ e 8.

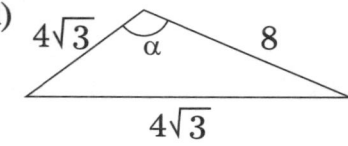

Resp: **93** $2 < x < 2\sqrt{5}$ ou $2\sqrt{13} < x < 10$ **94** $5\sqrt{3} < x < 5\sqrt{5}$ **95** a) 3   b) 2   c) 14   d) 12   **96** $\frac{11}{3}$ cm

100 Um ângulo de um paralelogramo mede 60° e os seus lados medem 4 cm e 8 cm. Determinar as suas diagonais.

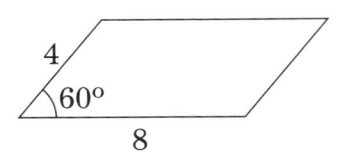

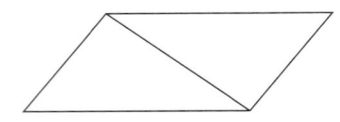

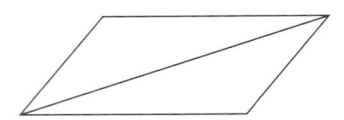

101 Determinar o raio da circunferência circunscrita ao triângulo, nos casos:

a)

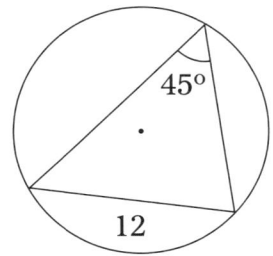

b)

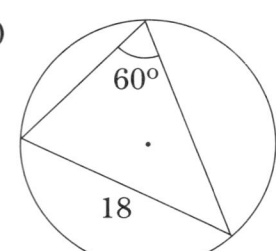

102 Determinar o lado BC, nos casos:

a)

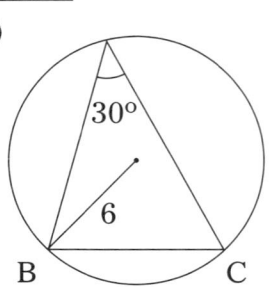

b)

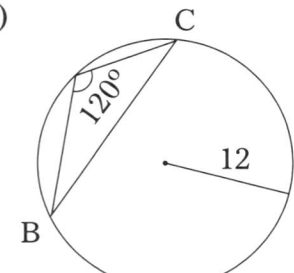

103 Determinar o ângulo α, nos casos:

a) α é agudo

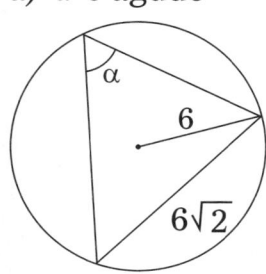

b) α é agudo

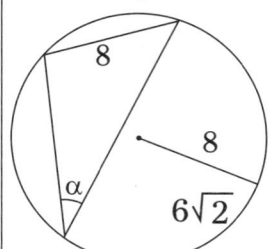

c) α é agudo

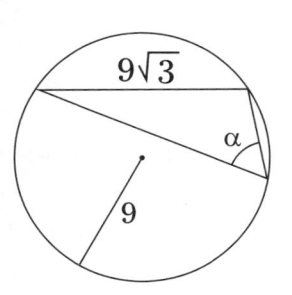

d) α é obtuso

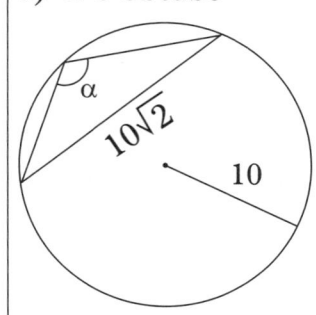

104 Determinar x, nos casos:

a)

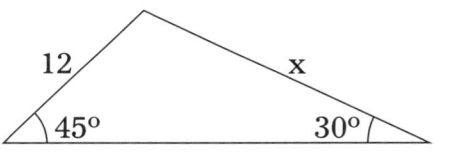

b)

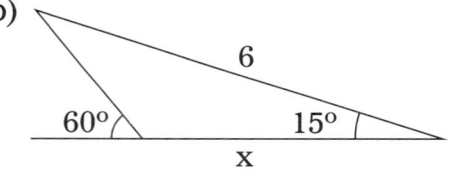

c)

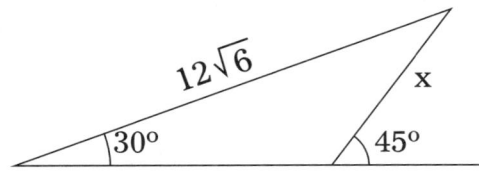

Resp: **97** a) $2\sqrt{7}$ b) $2\sqrt{10}$ c) $2\sqrt{3}$ d) $2\sqrt{37}$ e) $2\sqrt{13}$ f) $2\sqrt{10} + 3\sqrt{2}$
98 a) 12   b) 4 ou 8   **99** a) 60°   b) 45°   c) 120°   d) 150°

61

105 Determinar o ângulo α, nos casos:

a) α é agudo

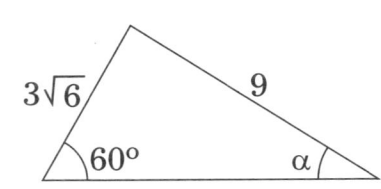

Triângulo com lados $3\sqrt{6}$ e 9, ângulo de 60° e ângulo α.

b) α é agudo

Triângulo com lado $12\sqrt{3}$, lado $6\sqrt{6}$, ângulo de 45° e ângulo α.

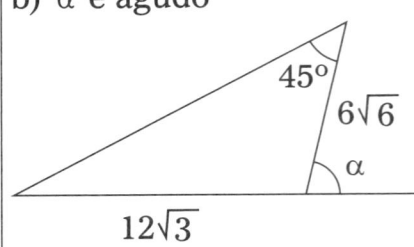

106 Dados dois lados do triângulo e o ângulo formado por eles, determinar a sua área nos casos:

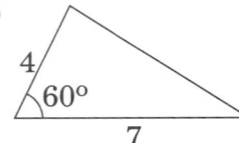

Lembrete: sen 150° = sen 30° = $\dfrac{1}{2}$, sen 135° = sen 45° = $\dfrac{\sqrt{2}}{2}$, sen 120° = sen 60° = $\dfrac{\sqrt{3}}{2}$

a) *Triângulo com lados 6 e 8, ângulo de 30°.*

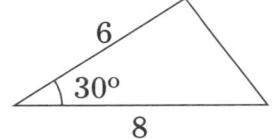

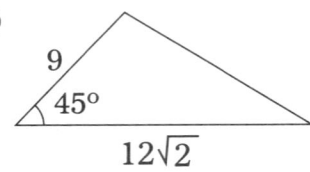

b) *Triângulo com lados 4 e 7, ângulo de 60°.*

c) *Triângulo com lados 9 e $12\sqrt{2}$, ângulo de 45°.*

d) *Triângulo com lados $2\sqrt{3}$ e 6, ângulo de 120°.*

e) *Triângulo com lados $3\sqrt{6}$ e 6, ângulo de 45°.*

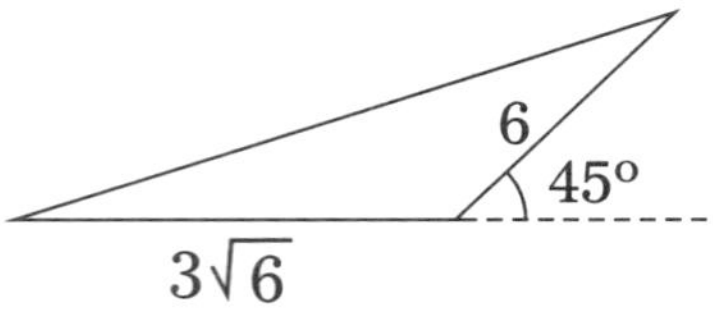

f) *Triângulo com lados 12 e 8, ângulo de 30°.*

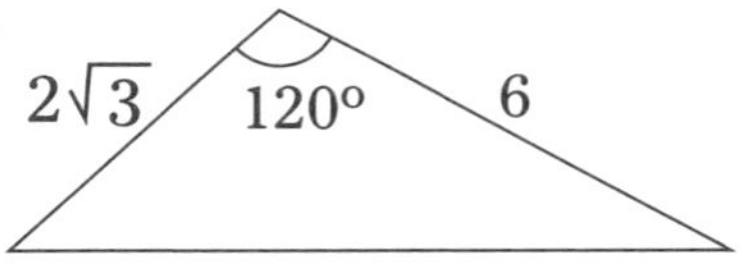

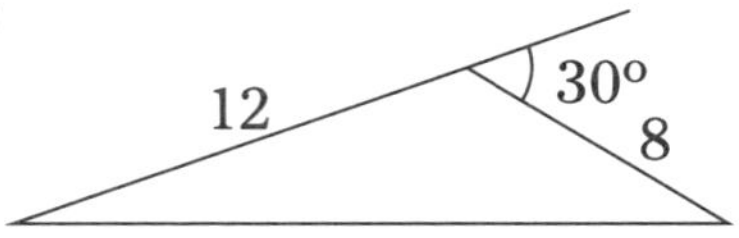

107 Dados um lado do triângulo, um ângulo adjacente a ele e a sua área **A**, determinar x, nos casos:

a) $A = 16\sqrt{3}$

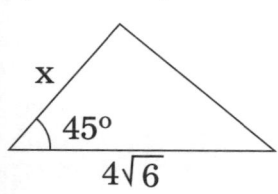

- x
- 45°
- $4\sqrt{6}$

b) $A = 45\sqrt{2}$

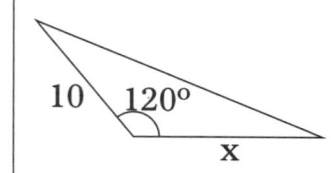

- 10
- 120°
- x

c) $A = 24\sqrt{3}$

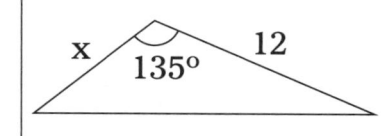

- x
- 135°
- 12

108 Dados dois lados e a área **A** do triângulo, determinar o ângulo formado pelos dois lados dados, nos casos:

a) $A = 6\sqrt{6}$
   α é agudo

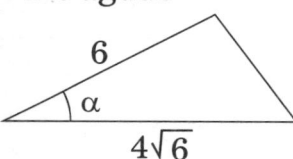

- 6
- α
- $4\sqrt{6}$

b) $A = 6\sqrt{6}$
   α é obtuso

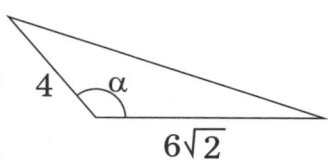

- 4
- α
- $6\sqrt{2}$

c) $A = 8\sqrt{6}$
   α é obtuso

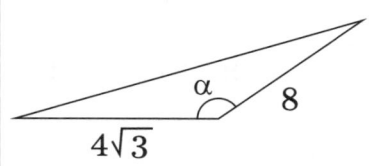

- α
- 8
- $4\sqrt{3}$

109 Determinar a área do triângulo ABC.

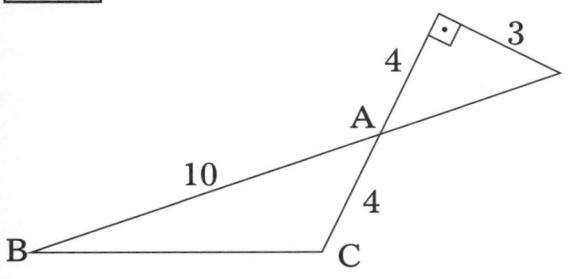

- 3
- 4
- A
- 10
- 4
- B
- C

Resp: **100** $4\sqrt{3}$ cm e $4\sqrt{7}$ cm   **101** a) $6\sqrt{2}$ b) $6\sqrt{3}$ **102** a) 6   b) $12\sqrt{3}$
103 a) 45°   b) 30°   c) 60°   d) 135°   **104** a) $12\sqrt{2}$ b) $4\sqrt{6}$ c) $12\sqrt{3}$

110 Determinar a área do triângulo ABC, nos casos:

a)

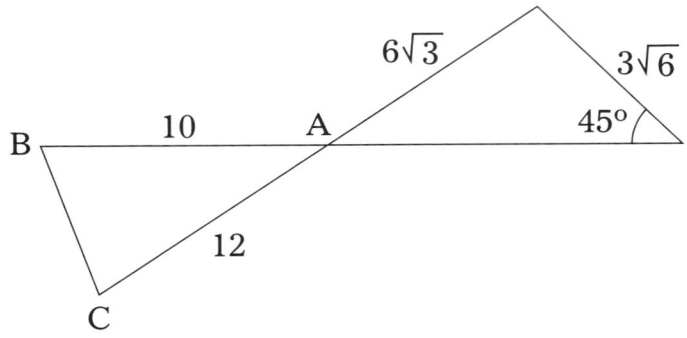

b)

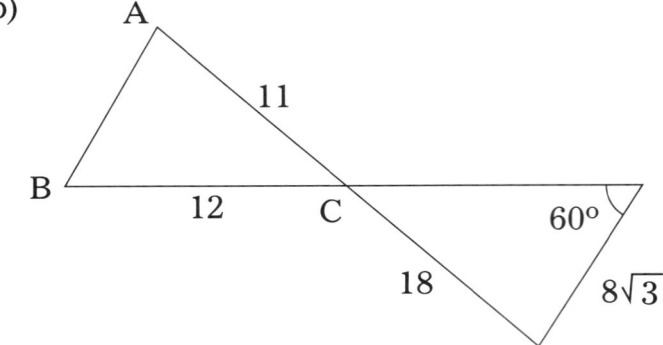

111 Determinar a área do paralelogramo, nos casos:

a)

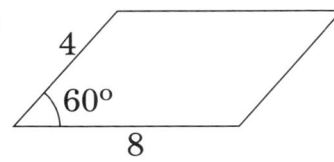

b)

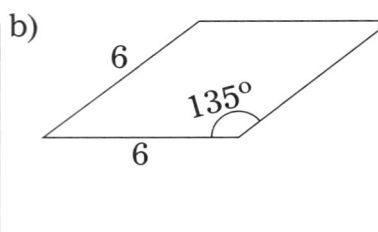

c)

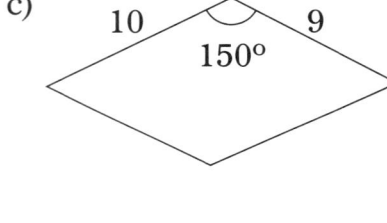

112 Dados um ângulo, um lado e a área do paralelogramo, determinar o lado adjacente ao lado dado.

a) A = 144

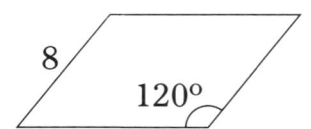

b) A = 48

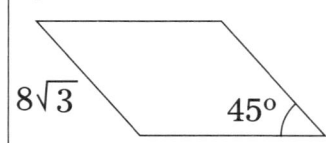

113 Dados dois lados e a área de um paralelogramo, determinar o seu ângulo obtuso, nos casos:

a) $A = 24\sqrt{6}$

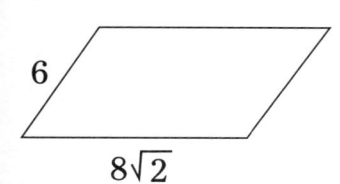

lados: 6 e $8\sqrt{2}$

b) $A = 28\sqrt{3}$

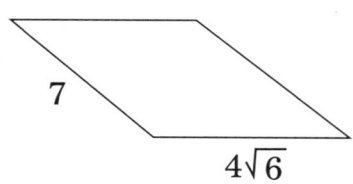

lados: 7 e $4\sqrt{6}$

c) $A = 12\sqrt{6}$

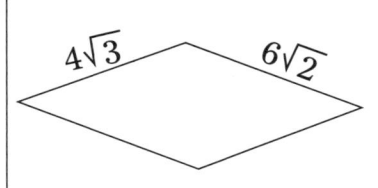

lados: $4\sqrt{3}$ e $6\sqrt{2}$

114 Dados as diagonais e dado o ângulo formado por elas, determinar a área do paralelogramo, nos casos:

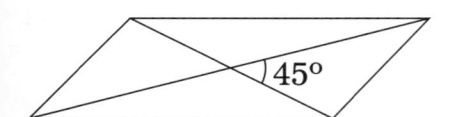

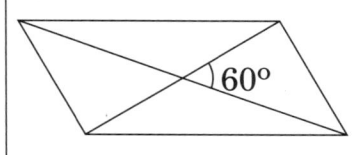

a) 12 e 16, ângulo 45°

b) 20 e $16\sqrt{3}$, ângulo 60°

115 Dados as diagonais e a área, determinar o seno do ângulo formado pelas diagonais, nos casos:

a) $6\sqrt{2}$, 12 e $A = 18$

b) $4\sqrt{3}$, $2\sqrt{6}$ e $A = 2\sqrt{6}$

Resp: **105** a) 45° b) 75° **106** a) 12 b) $7\sqrt{3}$ c) 54 d) 9 e) $9\sqrt{3}$ f) 24
107 a) 8 b) $6\sqrt{6}$ c) $4\sqrt{6}$ **108** a) 30° b) 120° c) 135° **109** 12

116 As diagonais de um paralelogramo medem 6 cm e 8 cm e ele tem $12\sqrt{3}$ cm² de área. Determinar os seus lados.

117 Determinar a área do seguinte quadrilátero:

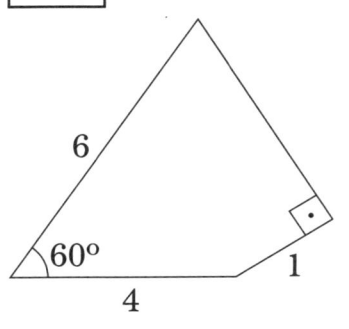

118 Observar os seguintes produtos:
$4 \cdot 2 = 8$, $4 \cdot 3 = 12$, $4 \cdot 5 = 20$, $4 \cdot 6 = 24$, $4 \cdot 7 = 28$, $4 \cdot 10 = 40$, $4 \cdot 11 = 44$, ...
$9 \cdot 2 = 18$, $9 \cdot 3 = 27$, $9 \cdot 5 = 45$, $9 \cdot 6 = 54$, $9 \cdot 7 = 63$, $9 \cdot 10 = 90$, ...
$16 \cdot 2 = 32$, $16 \cdot 3 = 48$, $16 \cdot 5 = 80$, $16 \cdot 6 = 96$, ...
$25 \cdot 2 = 50$, $25 \cdot 3 = 75$, $25 \cdot 5 = 125$, $25 \cdot 6 = 150$, ...

Simplificar:

a) $\sqrt{12} =$	b) $\sqrt{8} =$	c) $\sqrt{20} =$
d) $\sqrt{24} =$	e) $\sqrt{28} =$	f) $\sqrt{40} =$
g) $\sqrt{18} =$	h) $\sqrt{27} =$	i) $\sqrt{45} =$
j) $\sqrt{54} =$	k) $\sqrt{63} =$	l) $\sqrt{90} =$
m) $\sqrt{32} =$	n) $\sqrt{48} =$	o) $\sqrt{80} =$
p) $\sqrt{50} =$	q) $\sqrt{75} =$	r) $\sqrt{125} =$

119 Simplificar:

Exemplo: $\sqrt{7} \cdot \sqrt{14} = \sqrt{7 \cdot 7 \cdot 2} = 7\sqrt{2}$

a) $\sqrt{2} \cdot \sqrt{10} =$

b) $\sqrt{15} \cdot \sqrt{5} =$

c) $\sqrt{3} \cdot \sqrt{30} =$

d) $\sqrt{34} \cdot \sqrt{6} =$

e) $\sqrt{34} \cdot \sqrt{17} =$

f) $\sqrt{34} \cdot \sqrt{51} =$

g) $\sqrt{15} \cdot \sqrt{10} =$

h) $\sqrt{6} \cdot \sqrt{15} =$

i) $\sqrt{21} \cdot \sqrt{14} =$

j) $\sqrt{35} \cdot \sqrt{15} =$

120 Simplificar:

a) $\sqrt{4 \cdot 3 \cdot 5 \cdot 9} =$

b) $\sqrt{9 \cdot 6 \cdot 10 \cdot 7} =$

c) $\sqrt{15 \cdot 7 \cdot 3 \cdot 5} =$

d) $\sqrt{14 \cdot 5 \cdot 7 \cdot 2} =$

e) $\sqrt{16 \cdot 5 \cdot 7 \cdot 4} =$

f) $\sqrt{24 \cdot 6 \cdot 2 \cdot 5} =$

g) $\sqrt{13(13-7)(13-10)(13-9)} =$

h) $\sqrt{16(16-9)(16-11)(16-12)} =$

i) $\sqrt{15(15-13)(15-9)(15-8)} =$

j) $\sqrt{20(20-8)(20-15)(20-17)} =$

121 Usando a fórmula de Herão, determinar a área do triângulo, nos casos:

$$S = \sqrt{p(p-a)(p-b)(p-c)}, \quad p = \frac{a+b+c}{2}$$

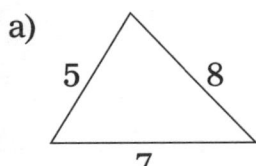

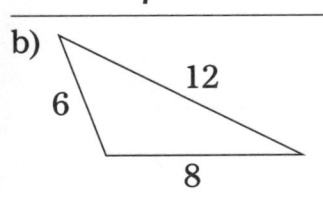

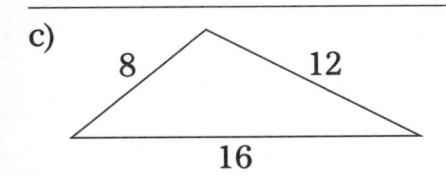

a) triângulo de lados 5, 8, 7

b) triângulo de lados 6, 12, 8

c) triângulo de lados 8, 12, 16

Resp: **110** a) 30   b) 44   **111** a) $16\sqrt{3}$ b) $18\sqrt{2}$ c) 45   **112** a) $12\sqrt{3}$ b) $2\sqrt{6}$

113 a) 120°   b) 135°   c) 150°   **114** a) $48\sqrt{2}$ b) 240   **115** a) $\frac{\sqrt{2}}{4}$ b) $\frac{\sqrt{3}}{6}$

122 Determinar a área do triângulo dadas as medidas dos lados, nos casos:

a) 4 cm, 5 cm e 7 cm

b) 4 cm, 6 cm e 8 cm

c) 4 cm, 7 cm e 9 cm

d) 4 cm, 9 cm e 11 cm

e) 5 cm, 8 cm e 9 cm

f) 5 cm, 10 cm e 11 cm

123 Quando são dadas as medidas dos lados de um triângulo e a medida de um lado for expressa por inteiro e de outro por irracional, é preferível determinar uma altura, por dois Pitágoras. Quando o triângulo for pitagórico, podemos determinar a área por metade do produto dos catetos ou por Herão. Faça pelos dois modos, nos casos:

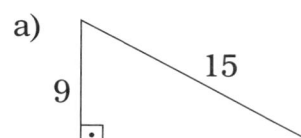

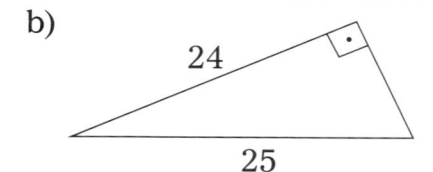

a)

9, 15

b)

24, 25

124 Quando o triângulo for equilátero, podemos determinar a área por $A = \dfrac{a^2\sqrt{3}}{4}$, onde **a** é o lado ou por Herão. Faça pelos dois modos, nos casos:

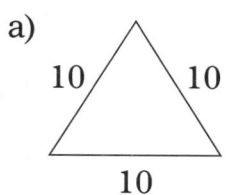

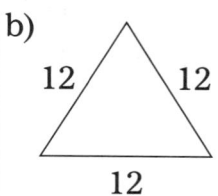

a) triângulo equilátero de lado 10

b) triângulo equilátero de lado 12

125 Quando o triângulo for isósceles, não equilátero, podemos determinar a altura relativa à base e em seguida a área, ou podemos fazer por Herão. Faça pelos dois modos.

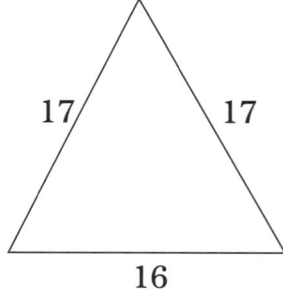

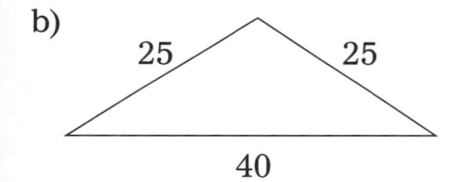

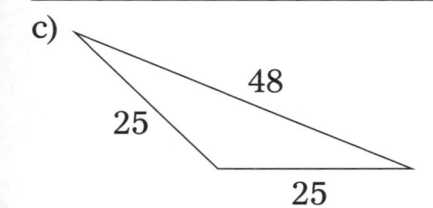

a) triângulo isósceles com lados 17, 17 e base 16

b) triângulo isósceles com lados 25, 25 e base 40

c) triângulo isósceles com lados 25, 25 e base 48

Resp: **116** $\sqrt{13}$ cm, $\sqrt{37}$ cm   **117** $\dfrac{15\sqrt{3}}{2}$ **118** a) $2\sqrt{3}$ b) $2\sqrt{2}$ c) $2\sqrt{5}$ d) $2\sqrt{6}$ e) $2\sqrt{7}$ f) $2\sqrt{10}$
g) $3\sqrt{2}$ h) $3\sqrt{3}$ i) $3\sqrt{5}$ j) $3\sqrt{6}$ k) $3\sqrt{7}$ l) $3\sqrt{10}$ m) $4\sqrt{2}$ n) $4\sqrt{3}$ o) $4\sqrt{5}$
p) $5\sqrt{2}$ q) $5\sqrt{3}$ r) $5\sqrt{5}$ **119** a) $2\sqrt{5}$ b) $5\sqrt{3}$ c) $3\sqrt{10}$ d) $2\sqrt{51}$ e) $17\sqrt{2}$ f) $17\sqrt{6}$
g) $5\sqrt{6}$ h) $3\sqrt{10}$ i) $7\sqrt{6}$ j) $5\sqrt{21}$ **120** a) $6\sqrt{15}$ b) $6\sqrt{105}$ c) $15\sqrt{7}$ d) $14\sqrt{5}$
e) $8\sqrt{35}$ f) $12\sqrt{10}$ g) $6\sqrt{26}$ h) $8\sqrt{35}$ i) $6\sqrt{35}$ j) 60   **121** a) $10\sqrt{3}$ b) $\sqrt{455}$ b) $12\sqrt{15}$

126 Sendo a, b e c, as medidas dos lados de um triângulo, p o semiperímetro e r e R, respectivamente, os raios das circunferências inscrita e circunscrita ao triângulo, determinando primeiramente a área S do triângulo por Herão e usando as fórmulas $S = pr$ e $S = \frac{abc}{4R}$, determinar r e R, nos casos:

a) lados e 10, 14 e 16

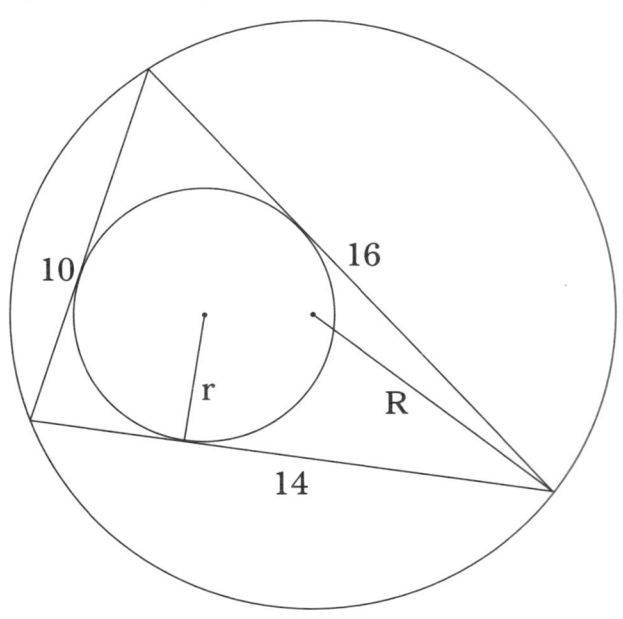

b) lados de 8, 18 e 22

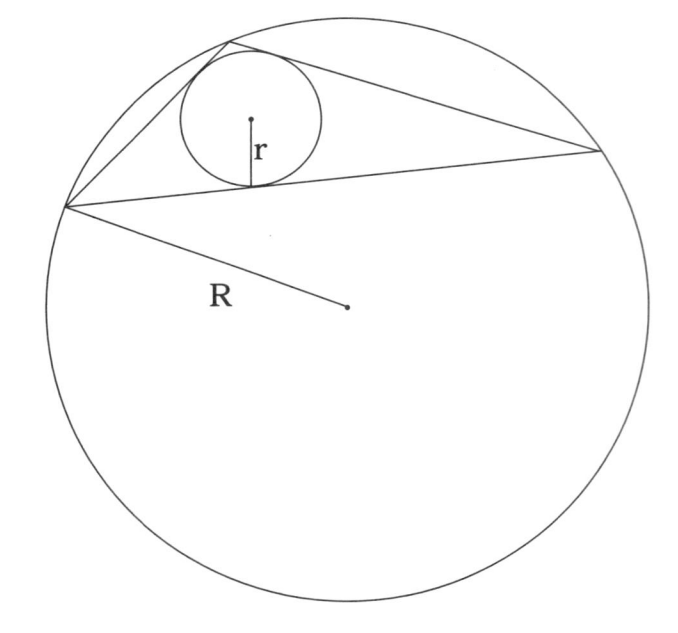

127 Na figura temos um triângulo isósceles ABC com AB = AC = $8\sqrt{5}$ cm e BC = 16 cm. Determinar:

a) A altura relativa ao lado BC

b) A área do triângulo ABC

c) O raio da circunferência circunscrita por Pitágoras e por $S = \frac{abc}{4R}$.

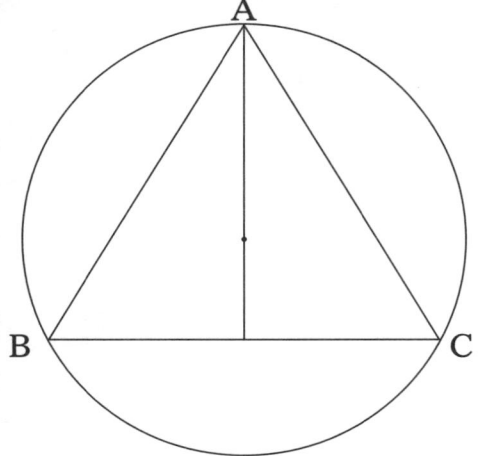

128 Na figura temos um triângulo isósceles ABC com AB = AC = 39 cm e BC = 30 cm. Determinar.

a) A altura relativa ao lado BC

b) A área do triângulo ABC

c) O raio da circunferência inscrita por Pitágoras e S = pr.

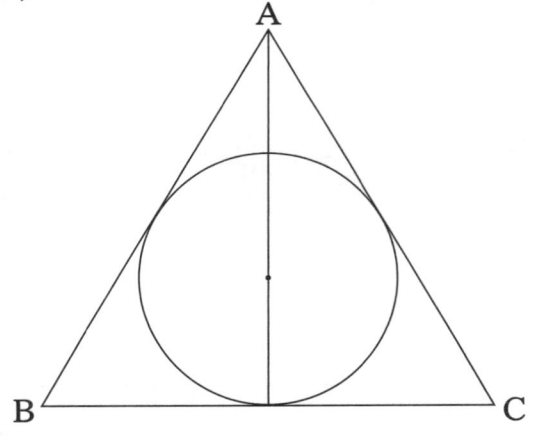

Resp: **122** a) $4\sqrt{6}$ cm² b) $3\sqrt{15}$ cm² c) $6\sqrt{5}$ cm² d) $12\sqrt{2}$ cm² e) $6\sqrt{11}$ cm² f) $4\sqrt{39}$ cm² **123** a) 54 b) 84 **124** a) $25\sqrt{3}$ b) $36\sqrt{3}$ **125** a) 120 b) 300 c) 168

129 Determine o valor de x nos casos abaixo.

a) 4 m, x, 60°, 5 m

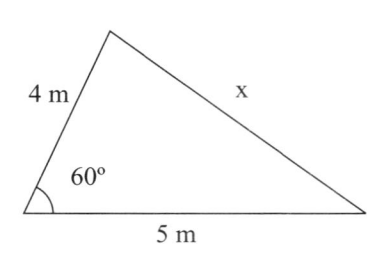

b) $2\sqrt{7}$ m, x, 60°, 6 m

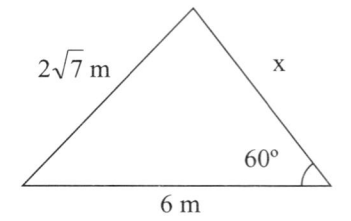

c) x, $4\sqrt{3}$ m, 30°, 6 m

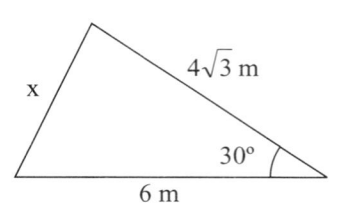

d) x, 60°, 6 m, $\sqrt{31}$ m

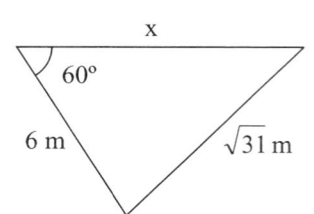

e) $2\sqrt{19}$ m, 6 m, 120°, x

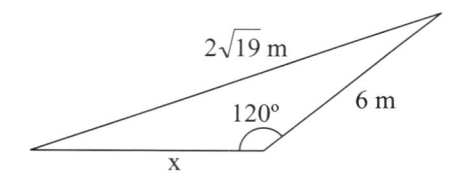

f) $\sqrt{3}$ m, 150°, 2 m, x

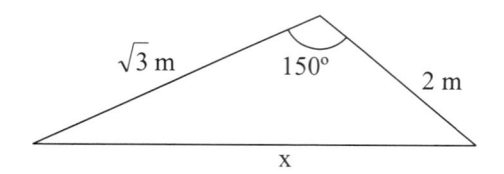

130 Determine o valor do ângulo x.

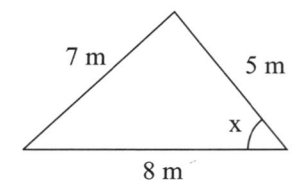

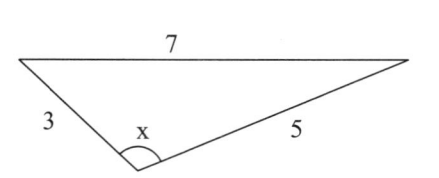

a)
7 m, 5 m, 8 m, ângulo x entre os lados 5 m e 8 m

b)
lados 3, 7, 5 com ângulo x entre 3 e 5

131 Determine x na figura abaixo.

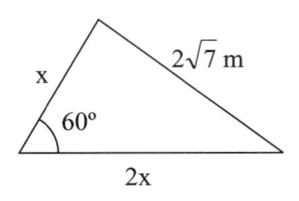

Triângulo com lados x, $2\sqrt{7}$ m, 2x e ângulo de 60°.

132 As diagonais do paralelogramo abaixo medem 8 m e 12 m e formam um ângulo de 60°. Determine as medidas dos lados do paralelogramo.

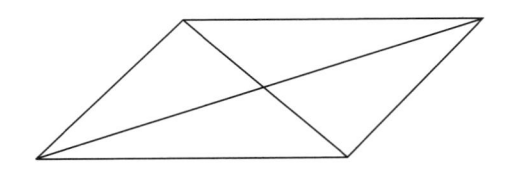

Resp: **126** a) $r = 2\sqrt{3}$, $R = \dfrac{14\sqrt{3}}{3}$ b) $r = 2\sqrt{2}$, $R = \dfrac{33\sqrt{2}}{4}$ **127** a) 16 cm b) 128 cm² c) 10 cm

128 a) 36 cm b) 540 cm² c) 10 cm

133 Determine o valor de x nos casos abaixo.

a)

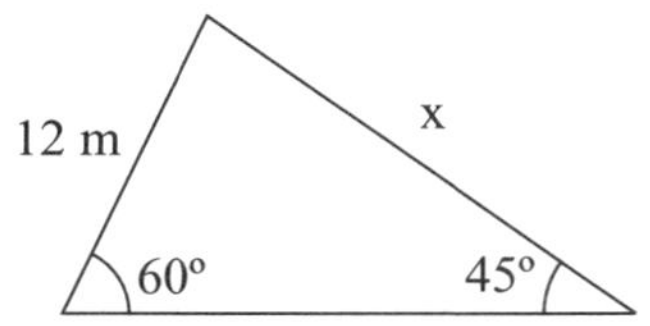

b)

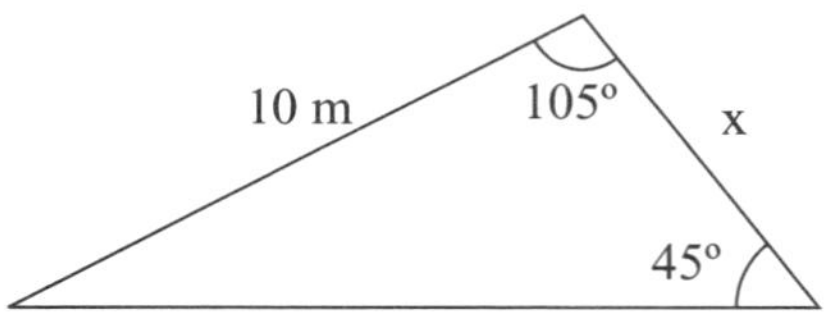

c)

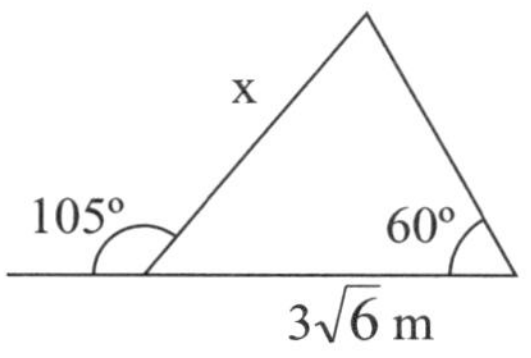

d)

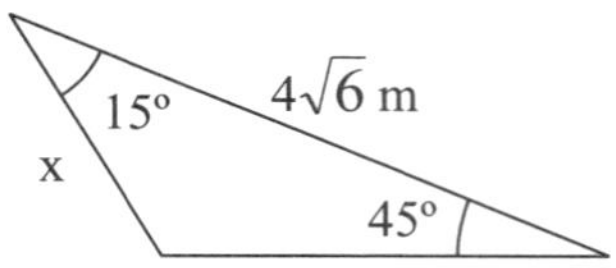

e)

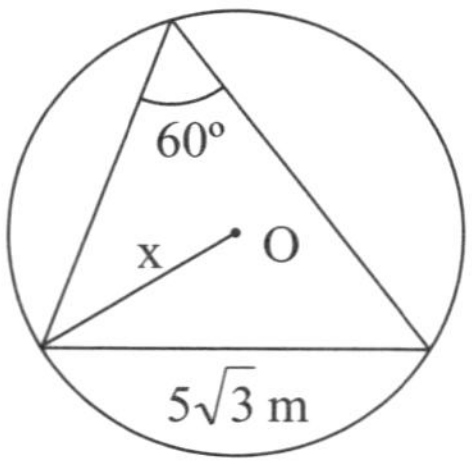

f)

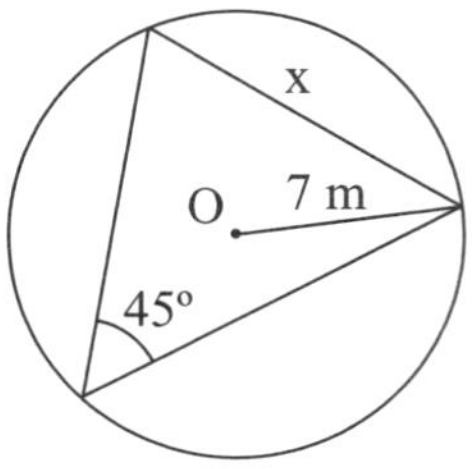

134 Determine a medida do ângulo α.

a)

b)

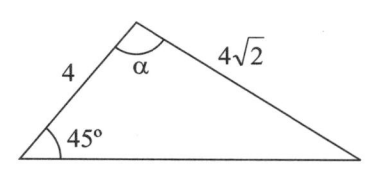

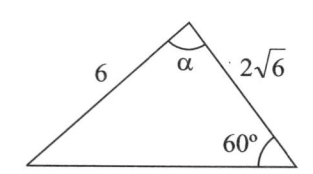

135 Determine a medida do ângulo α nos casos:

a)

b)

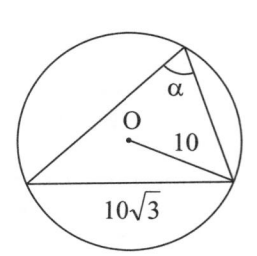

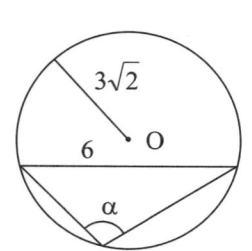

136 Determine os valores de x e y da figura abaixo.

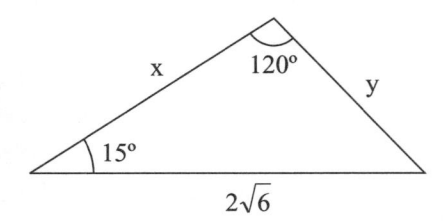

Resp: **129** a) $\sqrt{21}$ m   b) 4 m ou 2 m   c) $2\sqrt{3}$ m   d) 5 m ou 1 m   e) 4 m   f) $\sqrt{13}$ m

130 a) 60°   b) 120°   **131** $\dfrac{2\sqrt{21}}{3}$ m   **132** $2\sqrt{7}$ m e $2\sqrt{19}$ m

75

137 Calcule o valor de x nos casos:

a)

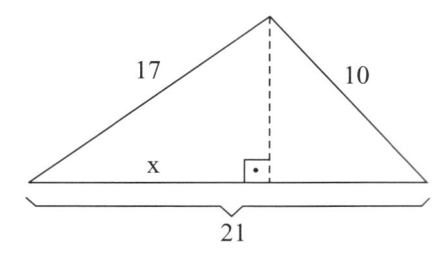

b)

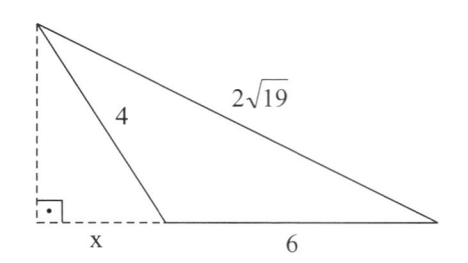

138 Calcule x e y nos casos:

a)

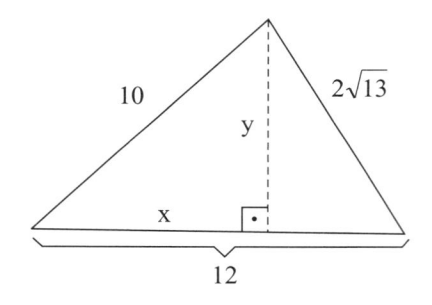

b)

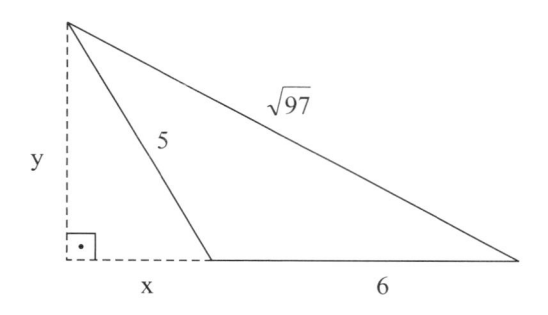

9 Calcule x e y nos casos abaixo:

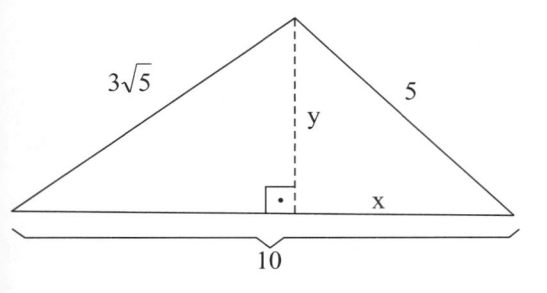

a) Triângulo com lados $3\sqrt{5}$ e 5, base 10, altura y relativa à base, e x é a projeção do lado 5 sobre a base.

b) Triângulo com lados 17 e 10, base 15; x é o prolongamento da base até o pé da altura y traçada do vértice oposto.

10 Um triângulo tem lados 5 cm, 7 cm e 8 cm. Determine a projeção do menor lado sobre o maior.

11 Um triângulo tem lados 6 cm, 8 cm e 12 cm. Calcule a medida da mediana relativa ao lado de 12 cm.

---

133 a) $6\sqrt{6}$ m   b) $5\sqrt{2}$ m   c) 9 m   d) 8 m   e) 5 m   f) $7\sqrt{2}$ m

134 a) 105°   b) 75°   **135** a) 60°   b) 135°   **136** x = 4, y = $2\sqrt{3} - 2$

IV POLÍGONOS REGULARES

1 – Definições

Polígono equilátero: é qualquer polígono convexo cujos lados são todos congruentes
Polígono equiângulo: é qualquer polígono convexo cujos ângulos internos são congruen
Polígono regular: é qualquer polígono equilátero e equiângulo.

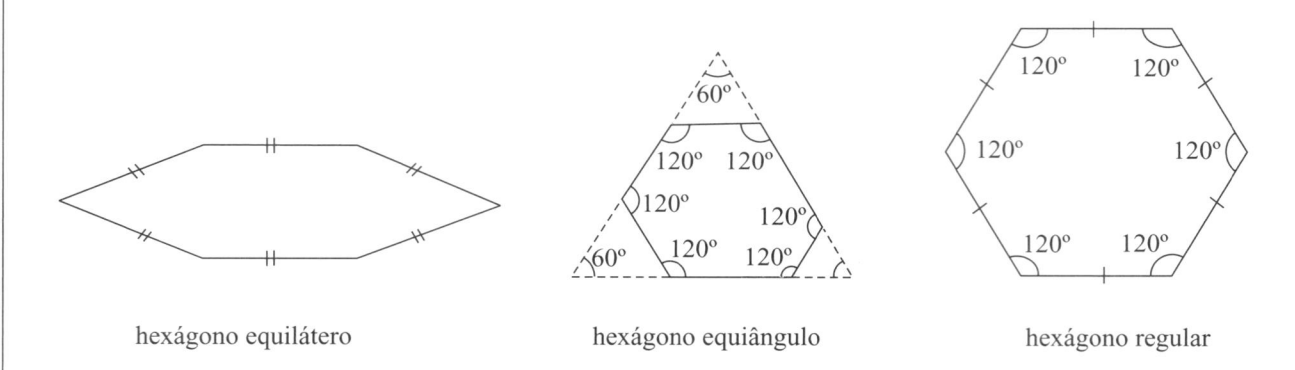

hexágono equilátero   hexágono equiângulo   hexágono regular

Todo polígono regular é inscritível e circunscritível, isto é, admite uma circunferênc que passa pelos seus vértices e outra que tangencia seus lados, e elas são concêntrica

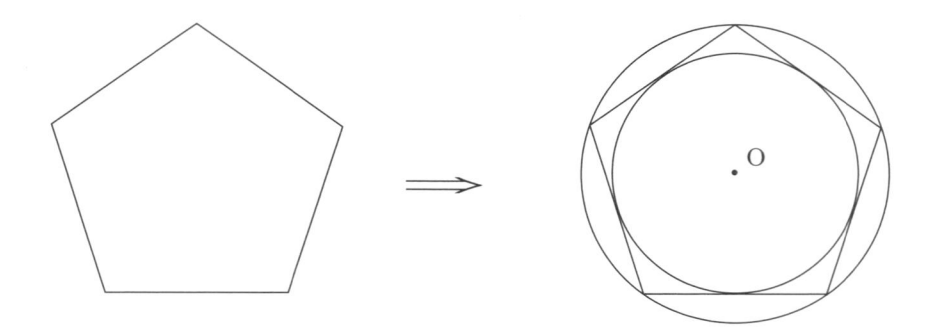

2 – Elementos Notáveis

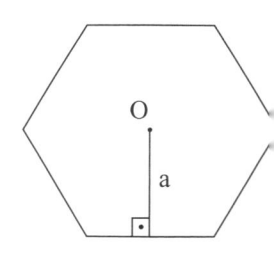

Centro de um polígono regular é o centro comum das circunferências inscrita e circunscrita.

Apótema de um polígono regular é o raio da circunferência nele inscrita.

3 – Cálculo do lado e Apótema dos Principais Polígonos Regulares

1) Revisão

A diagonal de um quadrado é igual ao lado vezes $\sqrt{2}$.

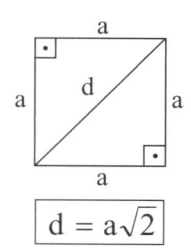

$$d = a\sqrt{2}$$

$$h = \frac{a\sqrt{3}}{2}$$

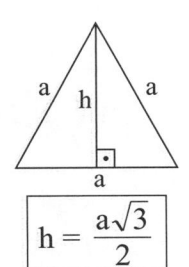

A altura de um triângulo eqüilátero é igual a metade do lado vezes $\sqrt{3}$

2) Lado e Apótema do Quadrado

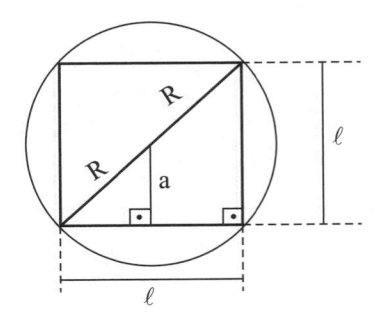

1) diag = (lado) $\sqrt{2}$

$2R = \ell\sqrt{2} \Rightarrow \ell = \dfrac{2R}{\sqrt{2}} \Rightarrow \boxed{\ell = R\sqrt{2}}$

2) $a = \dfrac{1}{2}\ell \Rightarrow \boxed{a = \dfrac{R\sqrt{2}}{2}}$

3) Lado e Apótema do Hexágono Regular

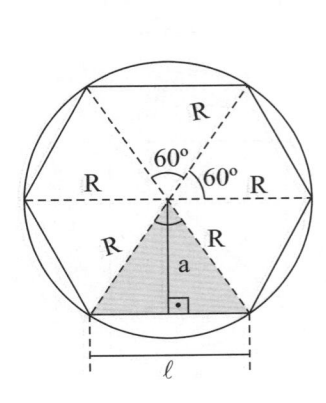

A figura ao lado ilustra a decomposição do hexágono em seis triângulos eqüiláteros.

No triângulo equilátero sombreado tem-se:

① $\boxed{\ell = R}$

② $\boxed{a = \dfrac{R\sqrt{3}}{2}}$

4) Lado e Apótema do Triângulo Equilátero

1) $\triangle OMC: \dfrac{a}{R} = \text{sen } 30º \Rightarrow \dfrac{a}{R} = \dfrac{1}{2} \Rightarrow \boxed{a = \dfrac{R}{2}}$

2) $h = R + a$

$\dfrac{\ell\sqrt{3}}{2} = R + \dfrac{R}{2} \Rightarrow \dfrac{\ell\sqrt{3}}{2} = \dfrac{3R}{2} \Rightarrow \boxed{\ell = R\sqrt{3}}$

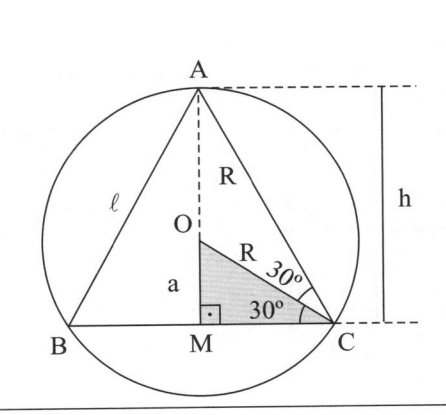

Resp: **137** a) 15 b) 2   **138** a) x = 8, y = 6   b) x = 3, y = 4
139 a) x = 4, y = 3   b) x = 6, y = 8   **140** 2,5 cm   **141** $\sqrt{14}$ cm

4 – Área de um Polígono Regular

A área de um polígono regular é igual ao produto de seu semiperímetro pelo apótema.

Demonstração:

Seja um polígono regular de **n** lados e centro **O**. Pode-se decompô-lo em **n** triângulos isósceles (veja a figura ao lado). Então

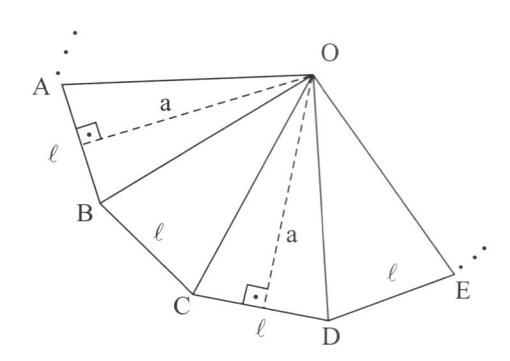

$A_{pol} = n \cdot$ (área de $\triangle OAB$)

$A_{pol} = n \cdot \left(\dfrac{\ell \cdot a}{2}\right) \Rightarrow A_{pol} = \dfrac{n\ell}{2} \cdot a \Rightarrow \boxed{A_{pol} = pa}$

Exemplo 1: Na figura abaixo, ABCD é quadrado de lado 8 cm. Calcule os raios das circunferências.

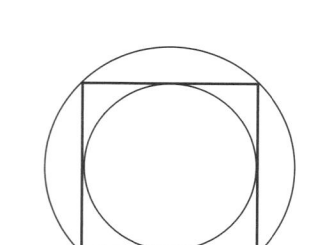

Resolução:

1) $r + r = 8 \Rightarrow \mathbf{r = 4 \text{ cm}}$

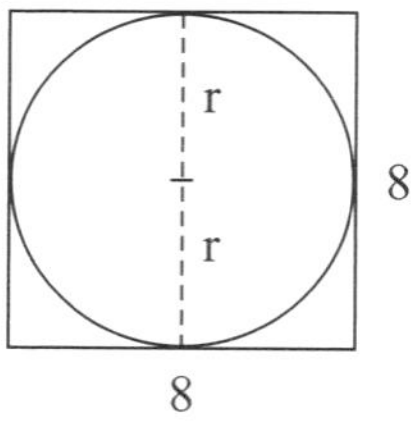

2) diagonal = lado.
$2R = 8\sqrt{2}$
$\mathbf{R = 4\sqrt{2} \text{ cm}}$

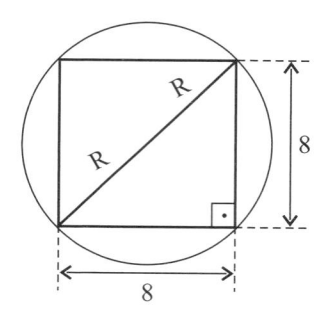

Resposta: 4 cm e $4\sqrt{2}$ cm

Exemplo 2: Na figura abaixo, ABC é equilátero. Calcule os raios das circunferências.

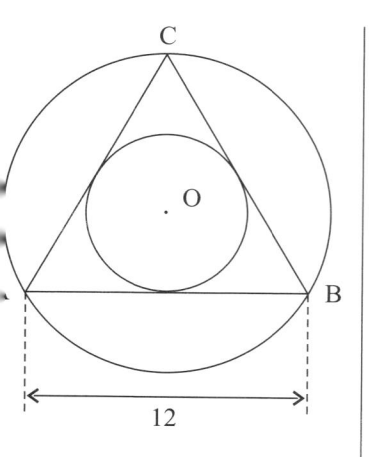

Resolução:

1) No $\triangle$ OAM:

$\dfrac{r}{6} = \text{tg} 30° \Rightarrow \dfrac{r}{6} = \dfrac{\sqrt{3}}{3} \Rightarrow \mathbf{r = 2\sqrt{3}}$

2) Note que

$\dfrac{r}{OA} = \text{sen} 30° \Rightarrow \dfrac{r}{OA} = \dfrac{1}{2} \Rightarrow OA = 2r$

Como OA = OB = OC, o raio da circunferência maior é igual a $2r = 4\sqrt{3}$

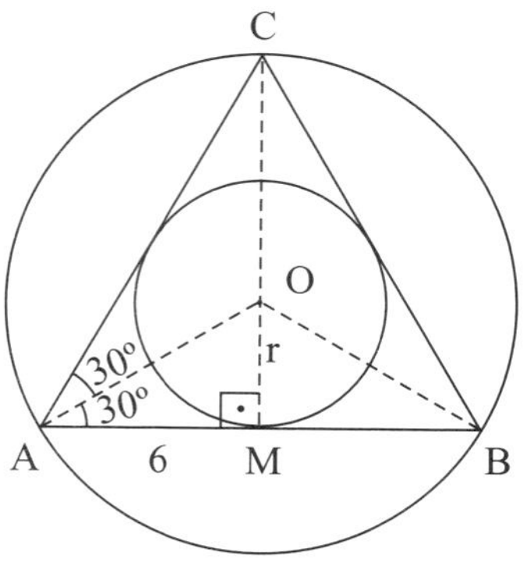

Resposta: $2\sqrt{3}$ cm e $4\sqrt{3}$ cm

Exemplo 3: Calcule os raios das circunferências inscrita e circunscrita a um hexágono regular de lado 6 cm.

Resolução:

Dividindo o hexágono em triângulos eqüiláteros, tem-se

OA = 6 ⇒ raio da circunf. maior = 6

∴ R = 6 cm

raio da circunf. menor = altura do △ ODE

$r = \dfrac{6\sqrt{3}}{2} \Rightarrow \mathbf{r = 3\sqrt{3}}$ **cm**

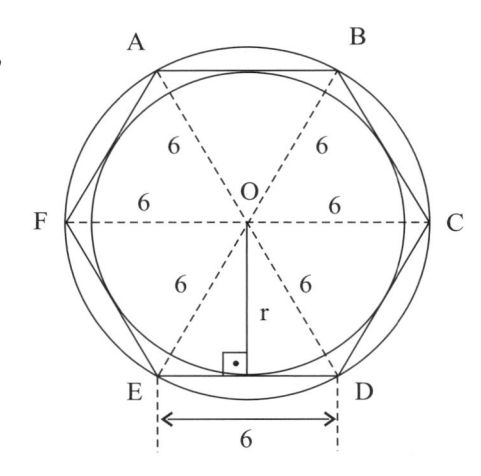

Resposta: $r = 3\sqrt{3}$ cm e 6 cm

Exemplo 4: Calcule o raio da circunferência circunscrita e o lado do polígono regular, dado o apótema, nos casos abaixo.

a) [quadrado com apótema 4]

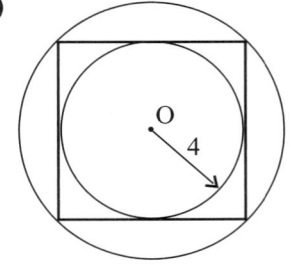

b) [triângulo com apótema $\sqrt{3}$]

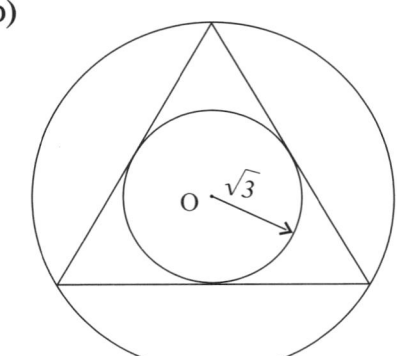

c) [hexágono com apótema $2\sqrt{3}$]

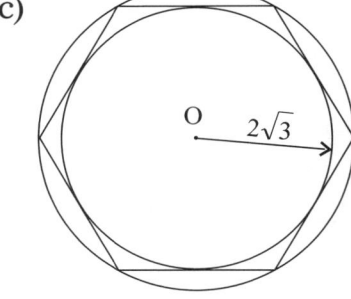

Resolução:

a) 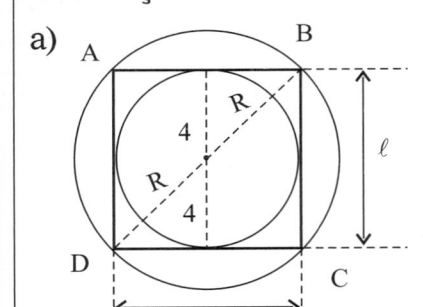
1) $\ell = 4 + 4 \Rightarrow \ell \cdot \sqrt{2}$

2) diagonal = $\ell \cdot \sqrt{2}$

   $2R = 8\sqrt{2}$

   $R = 4\sqrt{2}$

Resposta: $\ell = 8$, $R = 4\sqrt{2}$

b) 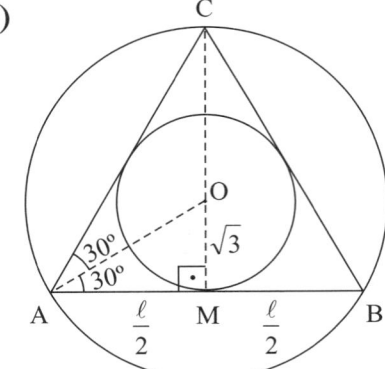
1) △ OMA: $\dfrac{\sqrt{3}}{\frac{\ell}{2}} = \text{tg } 30°$

   $\dfrac{2\sqrt{3}}{\ell} = \dfrac{\sqrt{3}}{3}$

   $\ell = 6$

2) $\dfrac{\sqrt{3}}{\text{OA}} = \text{sen } 30°$

   $\dfrac{\sqrt{3}}{R} = \dfrac{1}{2} \quad R = 2\sqrt{3}$

Resposta: $\ell = 6$, $R = 2\sqrt{3}$

c) 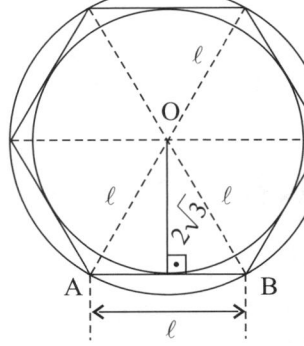
1) △ OAB: $\dfrac{\ell\sqrt{3}}{2} = 2\sqrt{3}$

   $\ell = 4$

2) $R = \ell \Rightarrow \mathbf{R = 4}$

Resposta: $\ell = 4$, $R = 4$

Exemplo 5: Calcule o apótema (raio da circunferência inscrita) e o lado do polígono regular, dado que o raio da circunferência circunscrita é 12 cm nos casos abaixo:

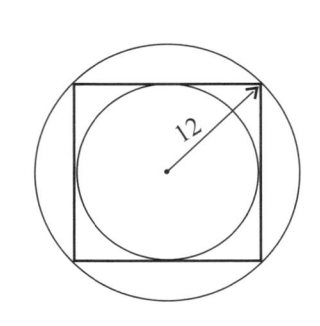

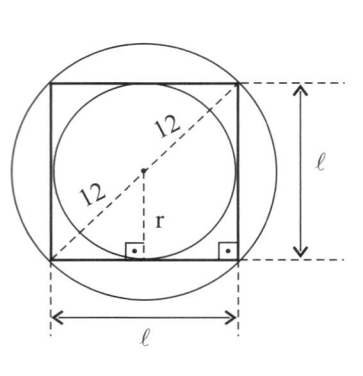

a)

b)

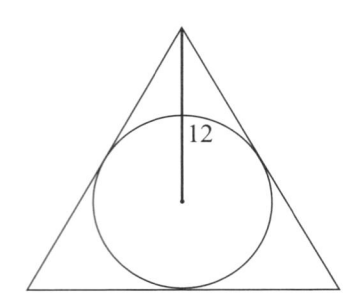

c)

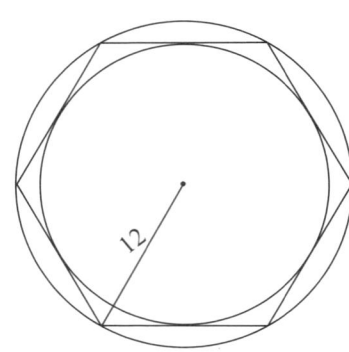

Resolução:

1) $\ell\sqrt{2} = 24 \Rightarrow \ell = 12\sqrt{2}$

2) $r = \dfrac{\ell}{2} \Rightarrow r = \dfrac{12\sqrt{2}}{2} \Rightarrow r = 6\sqrt{2}$

Resposta: $\ell = 12\sqrt{2}$ cm

$r = 6\sqrt{2}$ cm

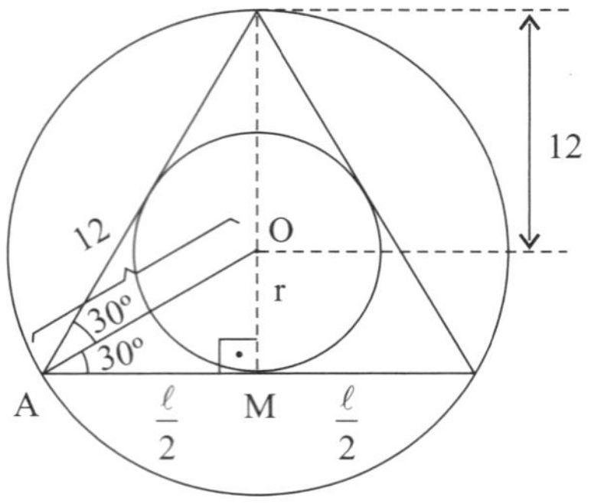

1) $\triangle$ OMA

$\dfrac{\frac{\ell}{2}}{12} = \cos 30°$

$\dfrac{\ell}{24} = \dfrac{\sqrt{3}}{2} \Rightarrow \ell = 12\sqrt{2}$

2) $\dfrac{r}{12} = \text{sen } 30°$

2) $\dfrac{r}{12} = \dfrac{1}{2} \Rightarrow r = 6$

Resposta: $\ell = 12\sqrt{2}$ cm

$r = 6$ cm

Obs.: Neste caso como **O** é o baricentro do triângulo equilátero, o raio da circunscrita é o dobro do da inscrita.

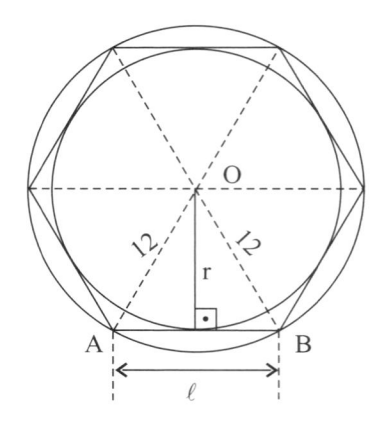

1) $\triangle$ OAB $\Rightarrow \ell = 12$

$r = \dfrac{\ell\sqrt{3}}{2} \Rightarrow r = \dfrac{12\sqrt{3}}{2} \Rightarrow r = 6\sqrt{3}$

Resposta: $\ell = 12$ cm

$r = 6\sqrt{3}$ cm

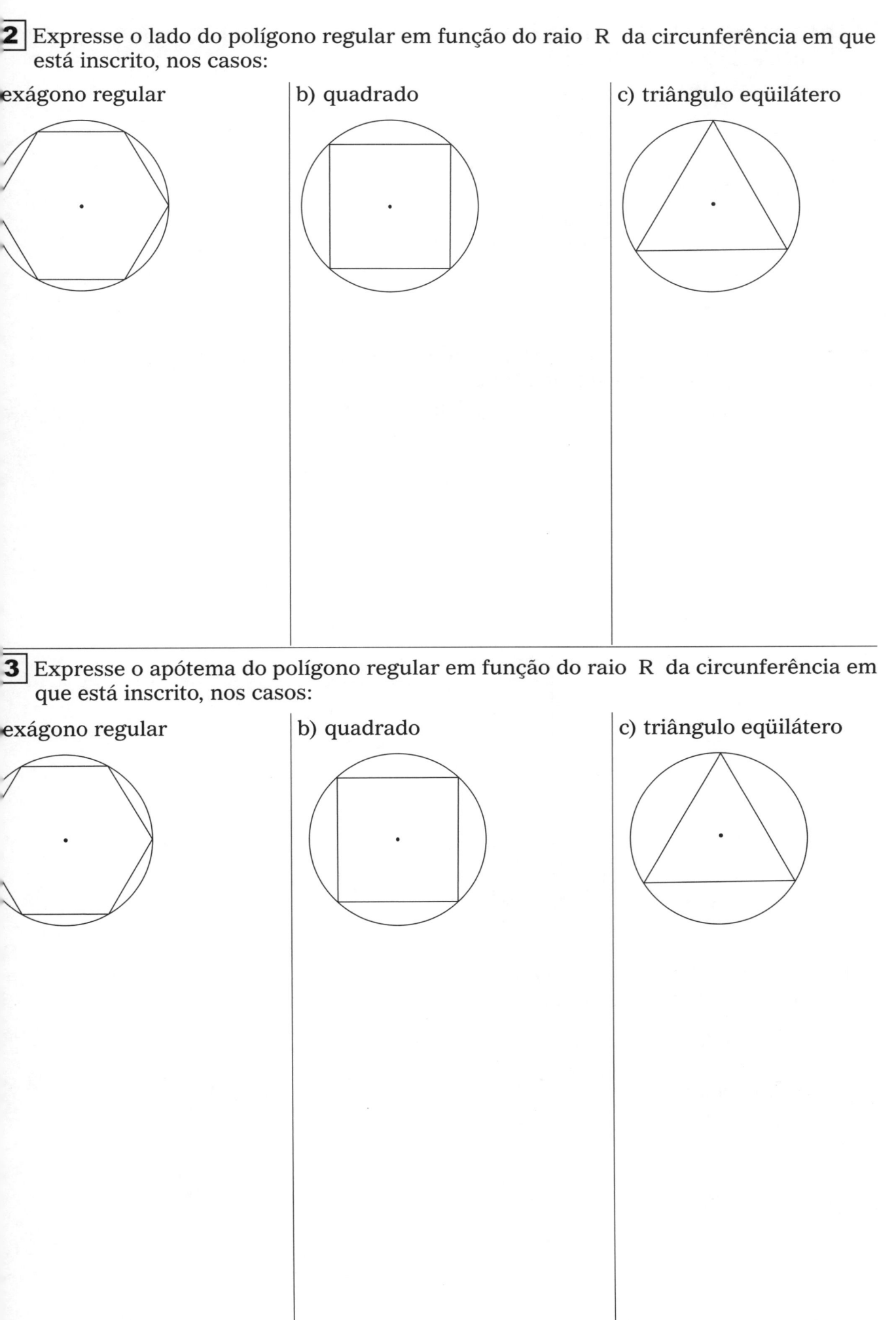

2 Expresse o lado do polígono regular em função do raio R da circunferência em que está inscrito, nos casos:

a) exágono regular　　　b) quadrado　　　c) triângulo eqüilátero

3 Expresse o apótema do polígono regular em função do raio R da circunferência em que está inscrito, nos casos:

a) exágono regular　　　b) quadrado　　　c) triângulo eqüilátero

144 Determine o lado do polígono inscrito numa circunferência de raio 6 m, no caso que esse polígono for um:

a) hexágono regular

b) quadrado

c) triângulo equilátero

145 Determine o raio da circunferência que circunscreve um polígono de lado 6 m caso em que esse polígono for um:

a) hexágono regular	b) quadrado	c) triângulo equilátero

146 Determine o apótema do polígono inscrito em uma circunferência de raio 12 m caso em que esse polígono for um:

a) hexágono regular
b) quadrado
c) triângulo equilátero

147 Determine o raio da circunferência que circunscreve um polígono regular de apótema 12 m, no caso em que esse polígono for um:

a) hexágono regular   b) quadrado   c) triângulo equilátero

148 Determine o lado do polígono circunscrito a uma circunferência de raio 6 m, no caso em que esse polígono for um:

a) hexágono regular   b) quadrado   c) triângulo equilátero

149 Determine o raio da circunferência inscrita num polígono de lado 18 m, no caso desse polígono ser um:

a) hexágono regular   b) quadrado   c) triângulo equilátero

Resp: **142** a) $\ell_6 = R$ b) $\ell_4 = R\sqrt{2}$ c) $\ell_3 = R\sqrt{3}$ **143** a) $a_6 = \dfrac{R\sqrt{3}}{2}$ b) $a_4 = \dfrac{R\sqrt{2}}{2}$ c) $a_3 = \dfrac{R}{2}$

V COMPRIMENTO DA CIRCUNFERÊNCIA E ÁREA DO CÍRCULO

1 – Propriedade

Admitiremos, sem demonstração, a seguinte propriedade:

duas circunferências têm seus comprimentos proporcionais a seus diâmetros.

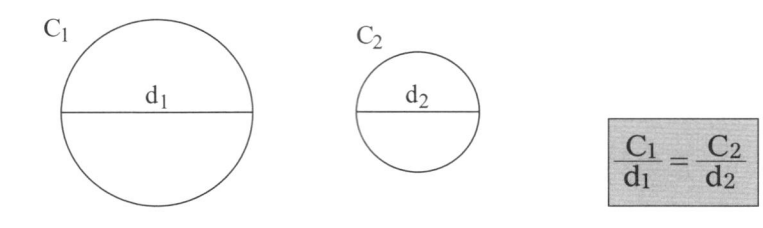

$$\frac{C_1}{d_1} = \frac{C_2}{d_2}$$

C: comprimento da circunferência
d: diâmetro

2 – O Comprimento da Circunferência

A razão entre o comprimento de uma circunferência e o seu diâmetro $\left(\frac{C}{d}\right)$ é constante para todas as circunferências e é igual a π.

Isto é,

$$\frac{C}{d} = \pi \Rightarrow \frac{C}{2R} = \pi \Rightarrow \boxed{C = 2\pi R}$$

Arquimedes, por volta de 250 A.C, estimou que $3\frac{10}{71} < \pi < 3\frac{10}{70}$, o que dá $\pi = 3,14$, com algarismos exatos até centésimos. Desde então tem-se calculado aproximações para π com um número cada vez maior de casas decimais, tarefa que conta atualmente com auxílio de supercomputadores e algoritmos melhores do que os utilizados por Arquimedes.

3 – A Área do Círculo

Vimos que a área de um polígono regular é igual ao produto de seu semiperímetro pelo apótema.

$$A_{pol} = p \cdot r$$

Seja um círculo de raio R. Considerando-se os polígonos regulares inscritos e os circunscritos, e o aumento progressivo do número de lados, tem-se que

- as áreas dos polígonos se aproximam da área do círculo.
- os perímetros dos polígonos se aproximam do perímetro do círculo.
- os apótemas dos polígonos se aproximam do raio do círculo.

Assim,

$$A_{circ} = (\text{semiperímetro}) \cdot (\text{apótema})$$

$$A_{circ} = \pi R \cdot R \Rightarrow \boxed{A_{circ} = \pi R^2}$$

4 – A Área da Coroa Circular

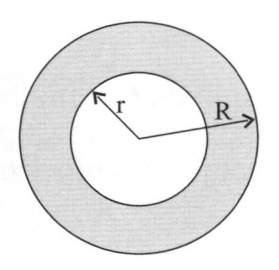

$$A_{coroa} = \pi R^2 - \pi r^2$$

$$\boxed{A_{coroa} = \pi (R^2 - r^2)}$$

5 – A Área do Setor Circular

1 – Em função do ângulo central em graus e do raio.

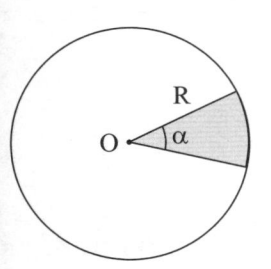

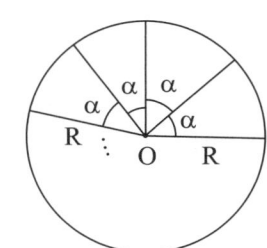

Tem-se

$$\frac{360°}{\alpha} = \frac{\pi R^2}{A_{setor}}$$

$$\therefore \boxed{A_{setor} = \frac{\alpha}{360°} \pi R^2}$$

or de α graus e raio R

2 – Em função do comprimento do arco e do raio

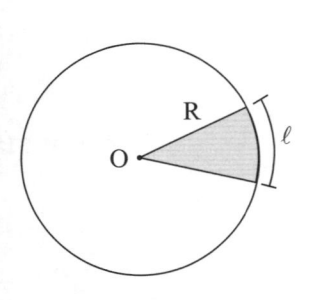

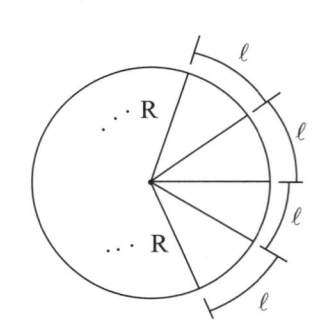

Tem-se:

$$\frac{2\pi R}{\ell} = \frac{\pi R^2}{A_{setor}}$$

$$A_{setor} = \frac{\ell R}{2}$$

or de arco ℓ e raio R

6 – A Área do Segmento Circular

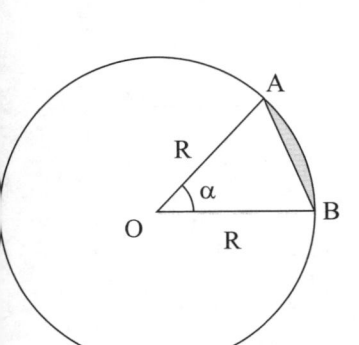

$$A_{seg \atop OAB} = A_{seg} - A_{\triangle OAB}$$

$$A_{seg} = \frac{\alpha}{360°} \cdot \pi R^2 - \frac{1}{2} R^2 \operatorname{sen}\alpha$$

$$\boxed{A_{seg} = \frac{\alpha}{360°} \cdot \pi R^2 - \frac{1}{2} R^2 \operatorname{sen}\alpha}$$

144	a) 6 m	b) $6\sqrt{2}$ m	c) $6\sqrt{3}$ m	**145**	a) 6 m	b) $3\sqrt{2}$ m	c) $2\sqrt{3}$ m
146	a) $6\sqrt{3}$ m	b) $6\sqrt{2}$ m	c) 6 m	**147**	a) $8\sqrt{3}$ m	b) $12\sqrt{2}$ m	c) 24 m
148	a) $4\sqrt{3}$ m	b) 12 m	c) $12\sqrt{3}$ m	**149**	a) $9\sqrt{3}$ m	b) 9 m	c) $3\sqrt{3}$ m

Exemplo 1: Calcule o comprimento da circunferência e a área do círculo de raio 3 cm.
Resolução:

C: comprimento da circunferência
$C = 2\pi R \Rightarrow C = 2\pi \cdot 3 \Rightarrow \mathbf{C = 6\pi\ cm}$
$A_{circ} = \pi R^2 \Rightarrow A_{circ} = \pi \cdot 3^2 \Rightarrow \mathbf{A_{circ} = 9\pi\ cm^2}$

Resposta: 6π cm, 9π c

Exemplo 2: Quanto mede o comprimento de uma circunferência cujo círculo corr pondente tem $36\pi\ cm^2$?
Resolução:

$A_{circ} = 36\pi \Rightarrow \pi R^2 = 36\pi \Rightarrow \mathbf{R = 6\ cm}$
$C = 2\pi R \Rightarrow C = 2\pi \cdot 6 \Rightarrow \mathbf{C = 12\pi\ cm}$

Resposta: 12π

Exemplo 3: Calcule a área de um círculo cuja circunferência mede 18π cm.
Resolução:

$C = 18\pi \Rightarrow 2\pi R = 18\pi \Rightarrow \mathbf{R = 9\ cm}$
$A = \pi R^2 \Rightarrow A = \pi \cdot 9^2 \Rightarrow \mathbf{A = 81\pi\ cm^2}$

Resposta: 81π

Exemplo 4: Determine a área de círculo cuja área é numericamente igual ao comprime de sua circunferência.
Resolução:

1) $A_{circ} = C \Rightarrow \pi R^2 = 2\pi R \Rightarrow \pi R^2 - 2\pi R = 0 \Rightarrow$
$\Rightarrow \pi R(R - 2) = 0 \Rightarrow R = 0$ (não convém) ou $R - 2 = 0 \therefore R = 2$
2) $A_{circ} = \pi R^2 \Rightarrow A_{circ} = \pi \cdot R^2 \Rightarrow A_{circ} = 4\pi$

Resposta:

Exemplo 5: Determinar a área do polígono regular, nos casos:

a) Quadrado de lado 10 cm

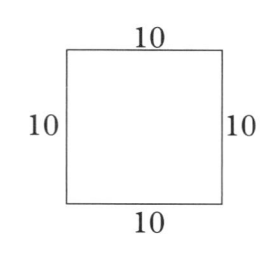

$A = a^2$
$A = 10^2 = 100$
$\boxed{100\ cm^2}$

b) Quadrado de diagonal 8 cm

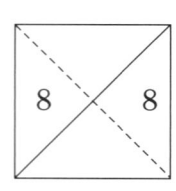

$A = \dfrac{d \cdot d}{2}$
$A = \dfrac{8 \cdot 8}{2} = 32$
$\boxed{A = 32\ cm^2}$

c) Triângulo de lado 10 cm

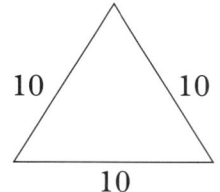

$A = \dfrac{a^2 \sqrt{3}}{4}$
$A = \dfrac{10^2 \sqrt{3}}{4}$
$\boxed{25\sqrt{3}\ cm^2}$

d) Hexágono de lado 10 cm

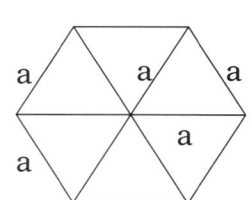

$A = 6\left[\dfrac{a^2 \sqrt{3}}{4}\right]$
$A = 6\left[\dfrac{10^2 \sqrt{3}}{4}\right]$
$A = 6(25\sqrt{3})$
$\boxed{150\sqrt{3}\ cm^2}$

Exemplo 6: A área de um triângulo de lados a e b que formam um ângulo θ é dada por $A = \frac{1}{2} ab \operatorname{sen} \theta$.

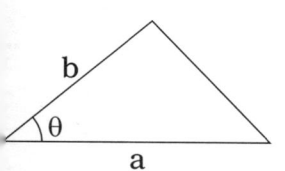

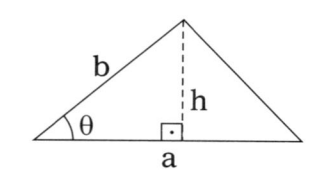

1) $\operatorname{sen} \theta = \frac{h}{b} \Rightarrow h = b \operatorname{sen} \theta$

2) $A = \frac{ah}{2} = \frac{1}{2} a \cdot h = \frac{1}{2} ab \operatorname{sen} \theta$

$$\boxed{A = \frac{1}{2} ab \operatorname{sen} \theta}$$

Determinar a área do triângulo nos casos.

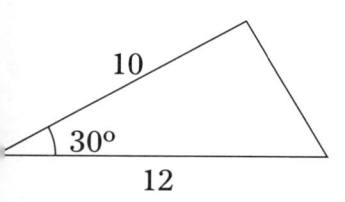

a) (triângulo com lados 10, 12 e ângulo 30°)

$A = \frac{1}{2} ab \operatorname{sen} \theta$

$A = \frac{1}{2} \cdot 12 \cdot 10 \cdot \operatorname{sen} 30°$

$A = 6 \cdot 10 \cdot \frac{1}{2}$

$\boxed{A = 30}$

b) (triângulo com lados 9, 8 e ângulo 45°)

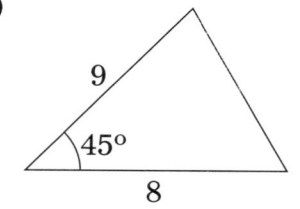

$A = \frac{1}{2} ab \operatorname{sen} \theta$

$A = \frac{1}{2} \cdot 8 \cdot 9 \cdot \operatorname{sen} 45°$

$A = 4 \cdot 9 \cdot \frac{\sqrt{2}}{2}$

$\boxed{A = 18\sqrt{2}}$

c) (triângulo com lados 8, 10 e ângulo 60°)

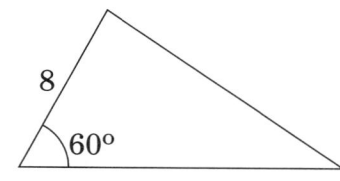

$A = \frac{1}{2} ab \operatorname{sen} \theta$

$A = \frac{1}{2} \cdot 10 \cdot 8 \cdot \operatorname{sen} 60°$

$A = 5 \cdot 8 \cdot \frac{\sqrt{3}}{2}$

$\boxed{A = 20\sqrt{3}}$

Exemplo 7: Determinar a área do setor circular nos casos:

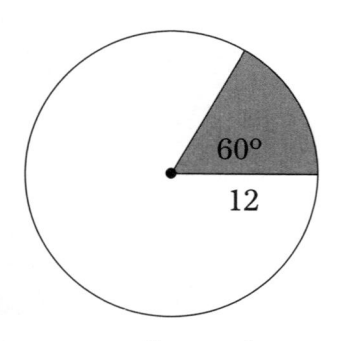

a) (setor com 60° e raio 12)

$A_s = \frac{\alpha}{360°}(\pi R^2)$

$A_s = \frac{60°}{360°}(\pi \cdot 12^2)$

$A_s = \frac{1}{6}(\pi \cdot 12 \cdot 12)$

$A_s = \pi \cdot 2 \cdot 12$

$\boxed{A_s = 24\pi}$

b) (setor com 45° e raio 16)

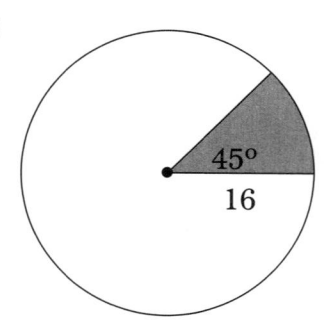

$A_s = \frac{\alpha}{360°}(\pi R^2)$

$A_s = \frac{45°}{360°}(\pi \cdot 16^2)$

$A_s = \frac{1}{8}(\pi \cdot 16 \cdot 16)$

$A_s = \pi \cdot 2 \cdot 16$

$\boxed{A_s = 32\pi}$

c) (setor com 30° e raio 18)

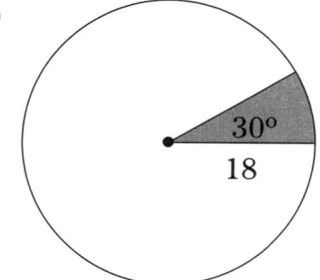

$A_s = \frac{\alpha}{360°}(\pi R^2)$

$A_s = \frac{30°}{360°}(\pi \cdot 18^2)$

$A_s = \frac{1}{12}(\pi \cdot 18 \cdot 18)$

$A_s = \frac{1}{2}(\pi \cdot 3 \cdot 18)$

$\boxed{A_s = 27\pi}$

Exemplo 8: Determinar a área do segmento circular sombreado, nos casos:

a)

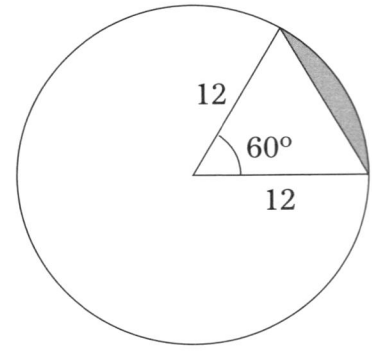

$A_{seg} = A_{setor} - A_{triâng.}$

$A_{seg} = \dfrac{60}{360}(\pi \cdot 12^2) - \dfrac{1}{2} \cdot 12 \cdot 12 \cdot \text{sen } 60º$

$A_{seg} = \dfrac{1}{6}(\pi \cdot 12 \cdot 12) - 6 \cdot 12 \cdot \dfrac{\sqrt{3}}{2}$

$A_{seg} = 24\pi - 36\sqrt{3}$

$\boxed{A_{seg} = 12(2\pi - 3\sqrt{3})\text{ cm}^2}$

b)

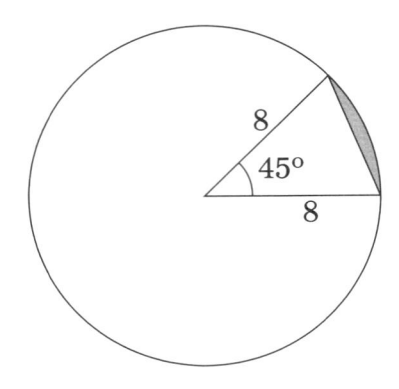

$A_{seg} = A_{setor} - A_{triâng.}$

$A_{seg} = \dfrac{45º}{360}(\pi \cdot 8^2) - \dfrac{1}{2} \cdot 8 \cdot 8 \cdot \text{sen } 45º$

$A_{seg} = \dfrac{1}{8} \cdot \pi \cdot 8 \cdot 8 - 4 \cdot 8 \cdot \dfrac{\sqrt{2}}{2}$

$A_{seg} = 8\pi - 16\sqrt{2}$

$\boxed{A_{seg} = 8(\pi - 2\sqrt{2})\text{ cm}^2}$

Exemplo 9: Calcule a área da região sombreada, dado que ABCDEF é hexágono regular lado 6 cm e que os arcos têm centros em **A** e **D**.

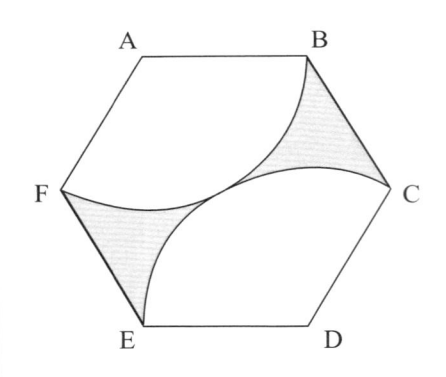

Resolução:

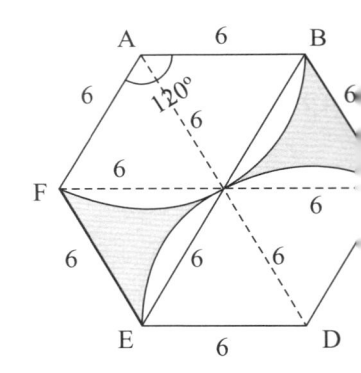

1) $A_{HEX} = 6 \cdot [A_\triangle]$

   $A_{HEX} = 6 \cdot \left[\dfrac{6^2\sqrt{3}}{4}\right]$

   $A_{HEX} = 54\sqrt{3}\text{ cm}^2$

2) $A_{setor} = \dfrac{120º}{360º} \cdot \pi \cdot R^2$

   $A_{setor} = \dfrac{1}{3} \cdot \pi \cdot 6^2 \Rightarrow A_{setor} = 12\pi\text{ cm}^2$

3) A_S = área sombreada

   $A_S = A_{HEX} - 2 \cdot A_{setor}$

   $A_S = 54\sqrt{3} - 2 \cdot 12\pi \Rightarrow \mathbf{A_S = 6(9\sqrt{3} - 4\pi)\text{ cm}^2}$

   Resposta: $6(9\sqrt{3} - 4\pi)$

Exemplo 10: Calcule a área da região sombreada, sabendo que os arcos têm centros em e em M.

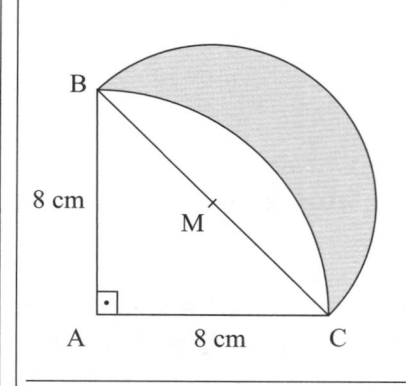

Resolução:

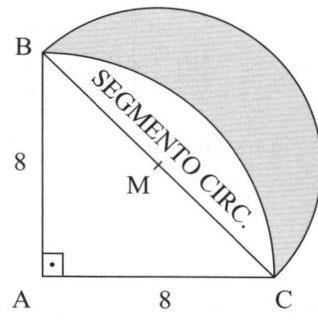

1) $BC = 8\sqrt{2}$

2) A_{seg}: área segmento

$$A_{seg} = A_{\underset{ABC}{setor}} - A_{\triangle ABC}$$

$$A_{seg} = \frac{90°}{360°} \cdot \pi \cdot 8^2 - \frac{8 \cdot 8}{2} \Rightarrow A_{seg} = 16\pi - 32$$

3) A_S: área sombreada

$$A_S = A_{semicírc} - A_{seg} \Rightarrow A_S = \frac{1}{2}\pi\left(\frac{BC}{2}\right)^2 - (16\pi - 32) \Rightarrow$$

$$\Rightarrow A_S = \frac{1}{2}\pi(4\sqrt{2})^2 - 16\pi + 32 \Rightarrow \mathbf{A_S = 32\ cm^2}$$

Resposta: 32 cm²

Exemplo 11: ABCD é quadrado de lado 8 cm. Calcule a área da região sombreada, sabendo que os arcos têm centros em A e C.

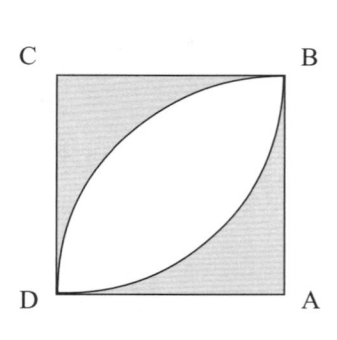

Resolução:

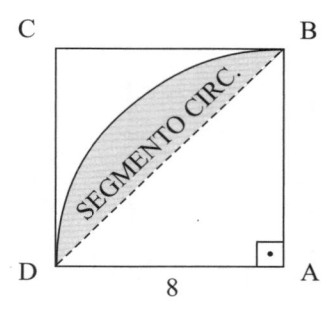

1) $A_{seg} = A_{\underset{ABD}{setor}} - A_{\triangle ABD}$

$$A_{seg} = \frac{90°}{360°}\pi \cdot 8^2 - \frac{8 \cdot 8}{2}$$

$$A_{seg} = 16\pi - 32$$

2) A_S = área sombreada

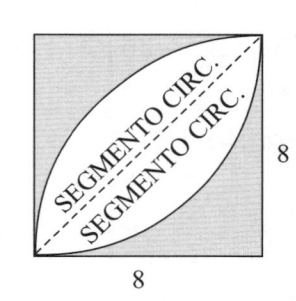

$$A_S = A_{quad} - 2 \cdot A_{seg}$$

$$A_S = 8^2 - 2 \cdot (16\pi - 32)$$

$$A_S = 128 - 32\pi \Rightarrow \mathbf{A_S = 32\,(4-\pi)\ cm^2}$$

Resposta: 32 (4 − π) cm²

Exemplo 12: Calcule a área da região sombreada, dado que o arco tem centro em A.

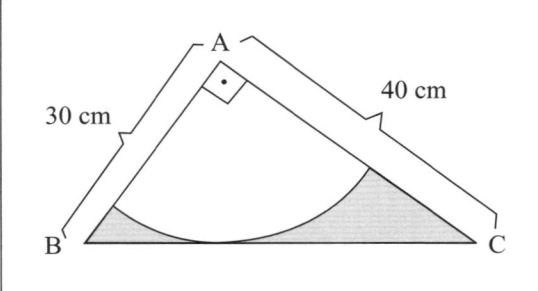

Resolução:

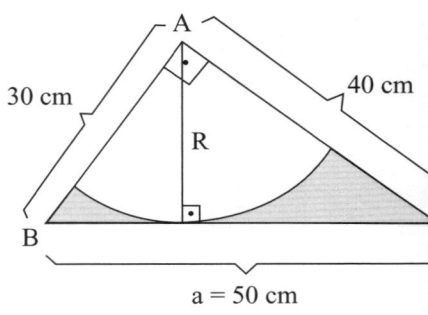

1) $a^2 = 30^2 + 40^2$

$a = 50$ cm

2) Relação métrica:

$30 \cdot 40 = a \cdot R$

$30 \cdot 40 = 50 \cdot R \Rightarrow R = 24$

3) A_s: área sombreada

$A_S = A_{\triangle ABC} - A_{setor}$

$As = \dfrac{30 \cdot 40}{2} - \dfrac{90°}{360°} \cdot \pi \cdot R^2$

$As = 600 - \dfrac{1}{4} \cdot \pi \cdot 24^2 \Rightarrow \mathbf{As = 24(25 - 6\pi)\,cm^2}$

Resposta: $24(25 - 6\pi)\,cm^2$

Exemplo 13: Na figura temos um arco de circunferência de 12 cm de raio. AB é o lado do decágono regular inscrito nela e AC é o lado do hexágono regular inscrito nela. Determinar a área da região sombreada.

Resolução: Note que a região sombreada é $S_1 - S_2$

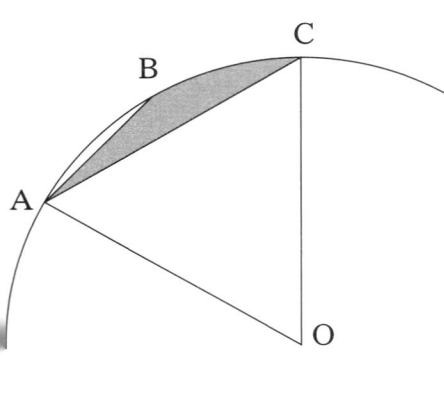

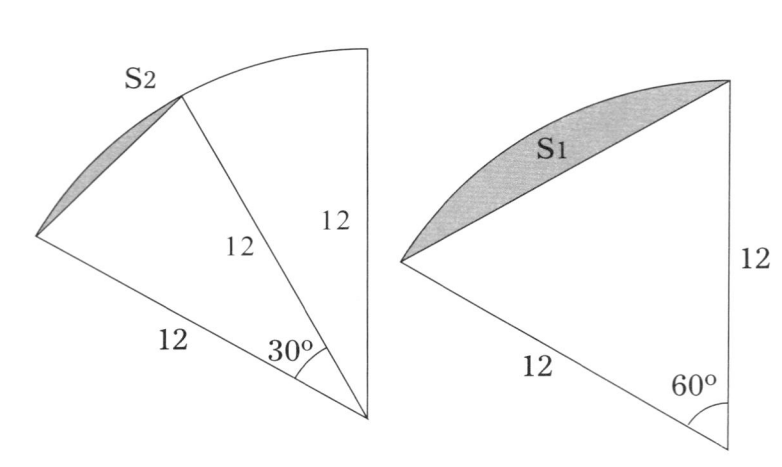

$A_S = S_1 - S_2 \Rightarrow A_S = \left[\dfrac{60°}{360°}(\pi \cdot 12^2) - \dfrac{1}{2} \cdot 12 \cdot 12 \text{ sen } 60°\right] - \left[\dfrac{30°}{360°}(\pi \cdot 12^2) - \dfrac{1}{2} \cdot 12 \cdot 12 \cdot \text{sen } 30°\right]$

$A_S = \left[\dfrac{1}{6}\pi \cdot 12 \cdot 12 - 6 \cdot 12 \cdot \dfrac{\sqrt{3}}{2}\right] - \left[\dfrac{1}{6}\pi \cdot 12 \cdot 12 - 6 \cdot 12 \cdot \dfrac{1}{2}\right]$

$A_S = 24\pi - 36\sqrt{3} - (12\pi - 36)$

$A_S = 12\pi - 36\sqrt{3} + 36 \Rightarrow \boxed{A_S = 12(\pi - 3\sqrt{3} + 3)\,cm^2}$

Exemplo 14: A e B são os centros dos arcos BC e AC. Se AB = 18 cm, determinar a área sombreada.

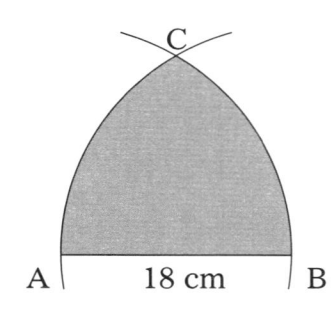

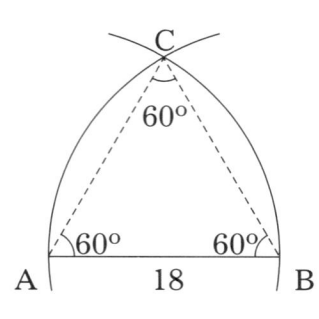

Resolução: Note que o triângulo ABC é equilátero. Considerando dois setores de 60°, o triângulo ABC foi tomados duas vezes.

Então:

$A_S = 2[A_{setor}] - A_{Tr.equil.} \Rightarrow A_S = 2\left[\dfrac{60}{360}\pi \cdot 18^2\right] - \dfrac{18^2\sqrt{3}}{4} \Rightarrow$

$A_S = 2\left[\dfrac{1}{6} \cdot 18 \cdot 18\pi\right] - \dfrac{18 \cdot 18\sqrt{3}}{4} \Rightarrow A_S = 108\pi - 81\sqrt{3} \Rightarrow \boxed{A_S = 27(4\pi - 3\sqrt{3})\,cm^2}$

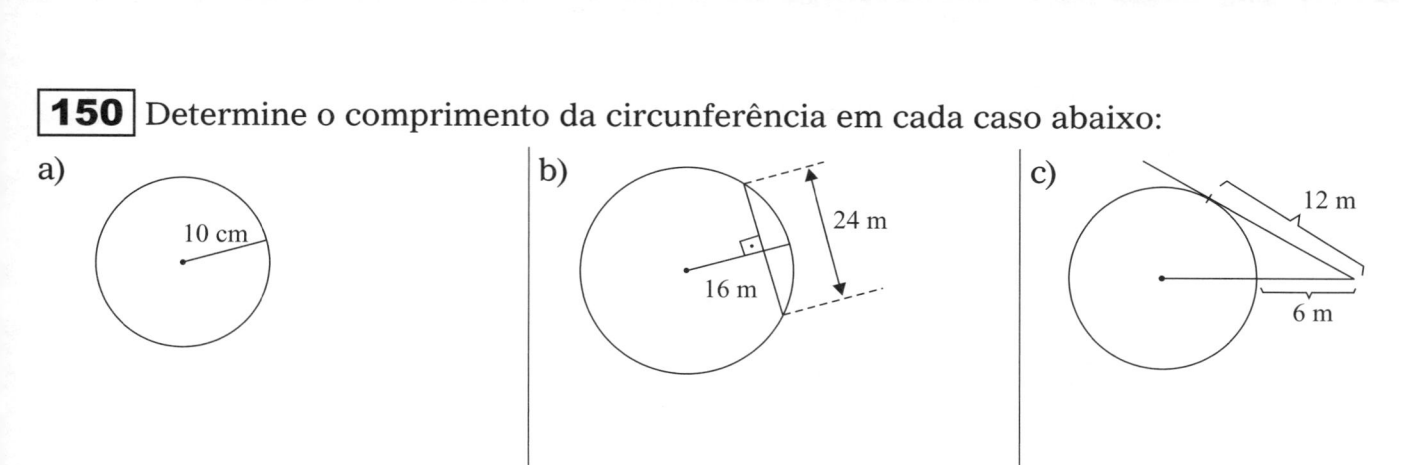

150 Determine o comprimento da circunferência em cada caso abaixo:

a) [círculo com raio 10 cm]

b) [círculo com raio 16 m e corda 24 m perpendicular ao raio]

c) [círculo com tangente de 12 m e segmento externo 6 m]

151 Determine o comprimento do arco menor AB em cada caso abaixo:

a) [círculo de raio 8 cm, ângulo reto entre OA e OB]

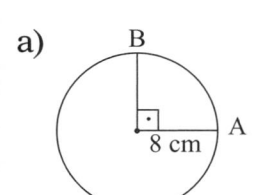

b) [círculo de raio 12, ângulo 60°]

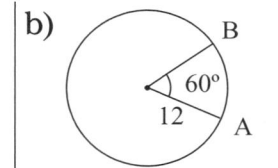

c) [círculo de raio 8 cm, ângulo 135°]

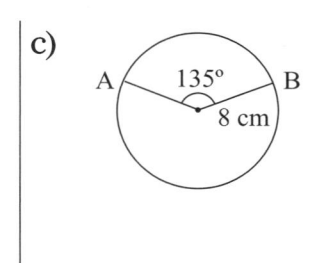

152 Determine o perímetro da "lua" abaixo, sabendo que o triângulo ABC é equilátero de lado 12 m, e que os arcos têm centros em B e M.

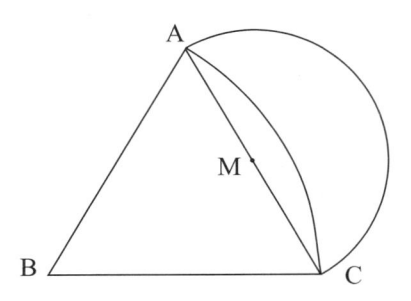

93

153 Determine o perímetro da figura abaixo, sabendo que os arcos têm raios de 6 m e foram centrados em A, B e C.

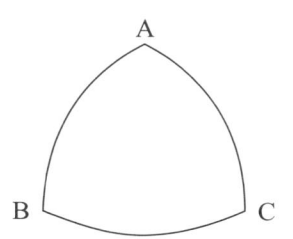

154 Determine a área dos setores sombreados abaixo:

a) 120°, 9 cm

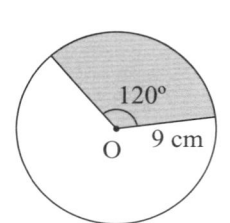

b) 140°, 6 cm

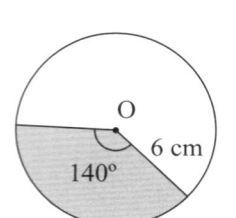

c) 160°, 12

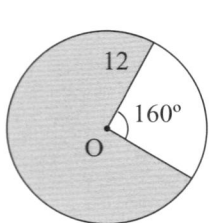

155 Determine a área dos setores sombreados abaixo:

a) 3 cm, 10 cm

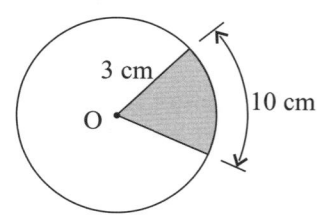

b) 31 cm, 14 cm

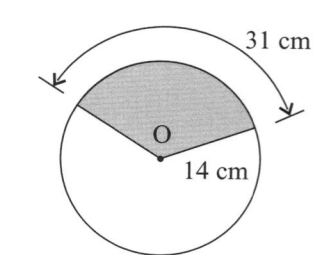

c) 12 cm, 4π cm

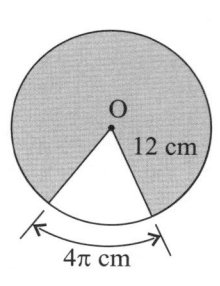

156 Determine a área da região sombreada nos casos:

a) Hexágono regular de lado 18 m

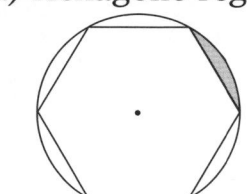

b) quadrado de lado 8 m.

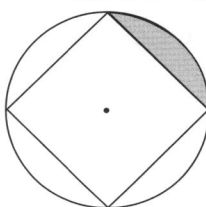

c) Triângulo equilátero de lado 12 m

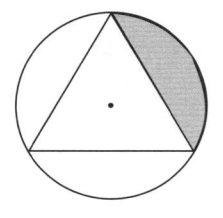

d) Octógono regular inscrito num círculo de raio 16 m

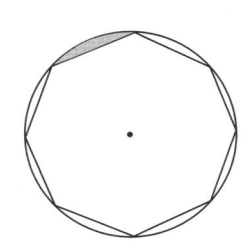

Resp: **150** a) 20π cm b) 40π cm c) 18π cm   **151** a) 4π cm b) 4π cm c) 6π cm   **152** 10π m

157 Determine a área das coroas circulares abaixo:

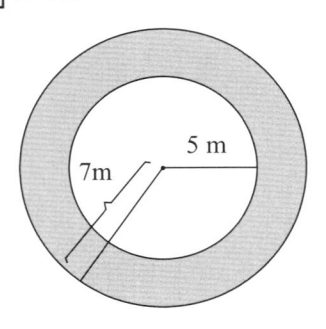

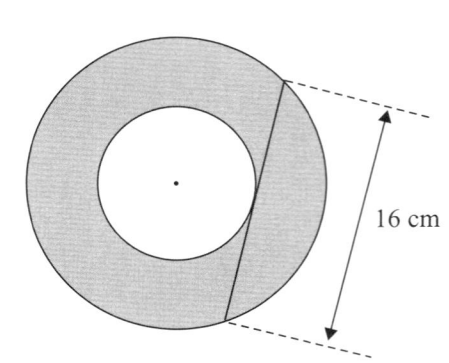

a) 5 m, 7m

b) 16 cm

---

158 Determine a área da região sombreada nos casos abaixo:

a) Hexágono regular de apótema 6 m

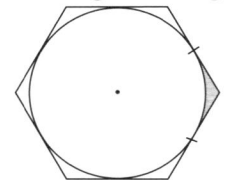

b) Quadrado de diagonal $6\sqrt{2}$ m

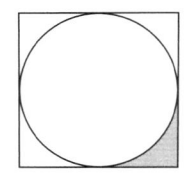

c) Triângulo equilátero de lado 6 m

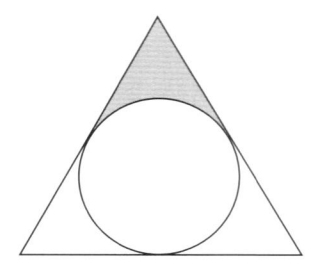

d) Triângulo retângulo onde AB = 6 m e BC = 10 m

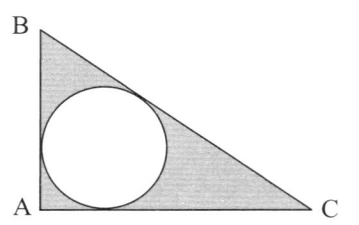

159 Se os quadriláteros abaixo são quadrados, determine a área das regiões sombreadas.

a) 4 m

b) 4 m

c) 8 m

d) 12 m

e) 8 m

f) 8 m

Resp: **153** 6π m **154** a) 27π cm² b) 14π cm² c) 80π **155** a) 15 cm² b) 217 cm² c) 120π cm²

156 a) $27(2\pi - 3\sqrt{3})$ m² b) $8(\pi - 2)$ m² c) $4(4\pi - 3\sqrt{3})$ m² d) $32(\pi - 2\sqrt{2})$ m²

160 Determine a área da região sombreada.

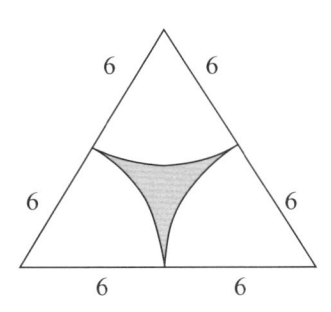

161 Na figura abaixo, ABC é um triângulo equilátero de lado 12 m. Determine a área da região sombreada.

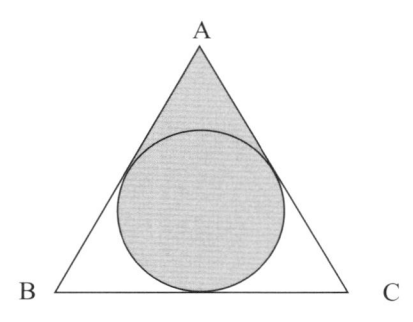

162 ABC é um triângulo equilátero de lado 24 m. Determine a área da região sombreada, sabendo que os arcos têm centros nos pontos C, D e E.

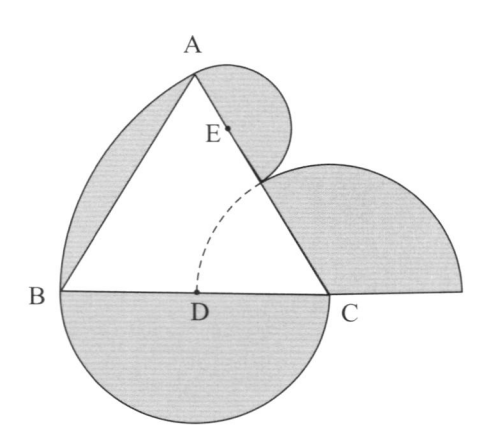

163 Na figura abaixo, ABC é um triângulo equilátero de lado 12 m. Determine a área da região sombreada, sabendo que o arco tem centro em A.

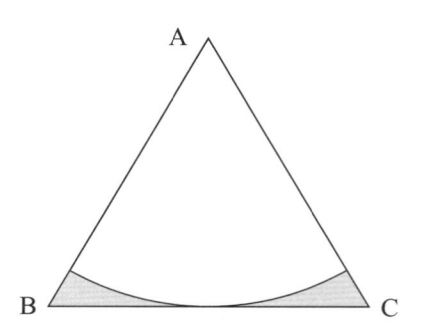

164 Determine a área da região sombreada, sabendo que AB = 15 cm, AC = 20 cm e que o arco tem centro em A.

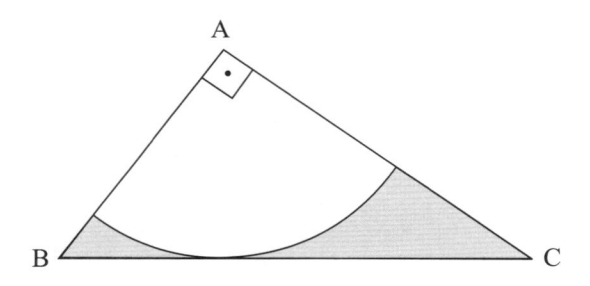

165 Na figura abaixo, determine a área da região sombreada, sabendo que o arco desenhado tem centro em B.

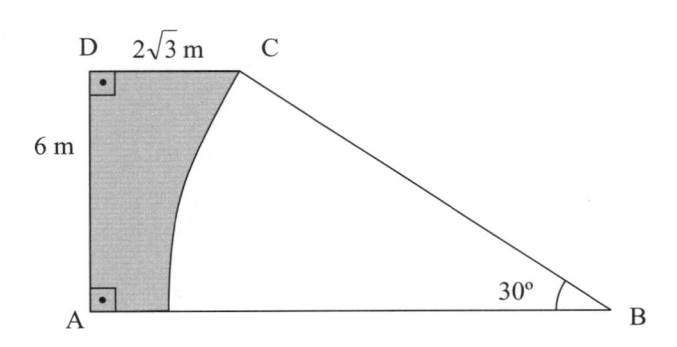

Resp: **157** a) 10π m² b) 64π cm² **158** a) $6(2\sqrt{3} - \pi)$m² b) $9\left(\dfrac{4-\pi}{4}\right)$m² c) $(3\sqrt{3} - \pi)$m² d) $4(6-\pi)$ m²
159 a) $4(4-\pi)$m² b) $4(4-\pi)$m² c) $16(\pi-2)$m² d) $72(\pi-2)$m² e) $16(4-\pi)$m² f) $16(4-\pi)$m²

166 Na figura abaixo, ABD é um triângulo retângulo em A, com AD = 12 cm. Determine a área da região sombreada, sabendo que AB = BC = CD.

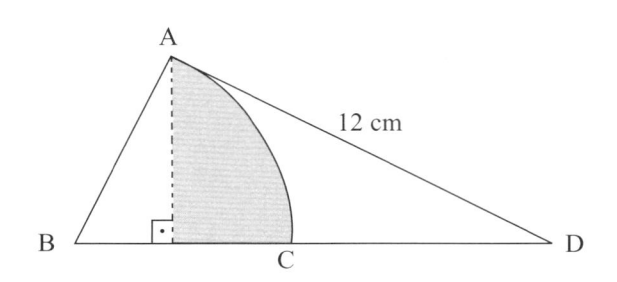

167 Determine a área do semicírculo abaixo, sabendo que AB = AC = BC = 24 m.

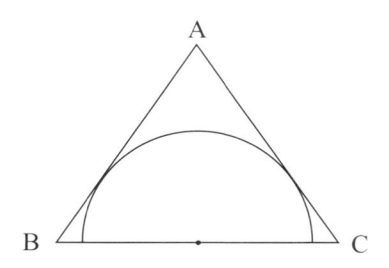

168 Determine a área da região sombreada, sabendo que ABC é triângulo equilátero de lado 12 cm, e que o semicírculo desenhado tem centro no ponto médio de BC.

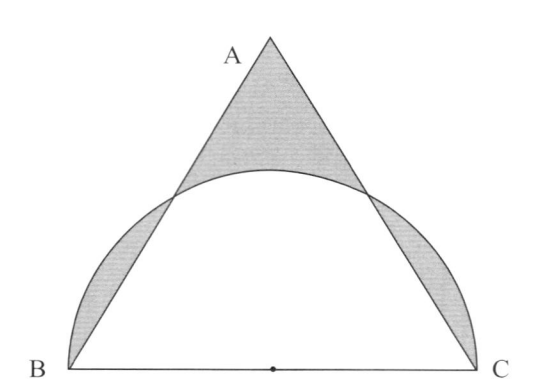

169 Dado que ABCDEF é um hexágono regular de lado 1 m, determine a área da região sombreada.

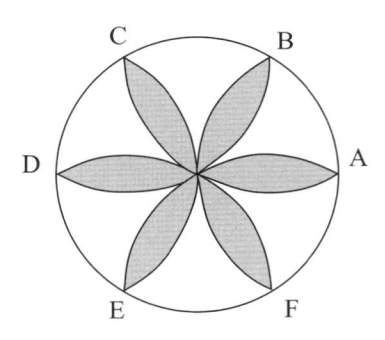

170 Determine a área da região sombreada, sabendo que ABCD é um quadrado de lado 6 m.

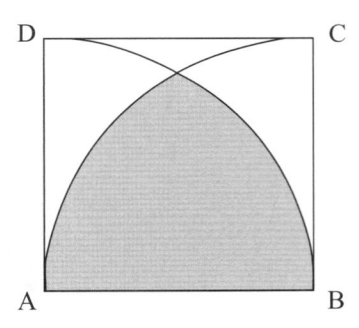

171 Na figura abaixo, ABC é um triângulo equilátero de lado $8\sqrt{3}$ m, sendo que o centro do círculo pertence à altura AH. Determine a área da região sombreada.

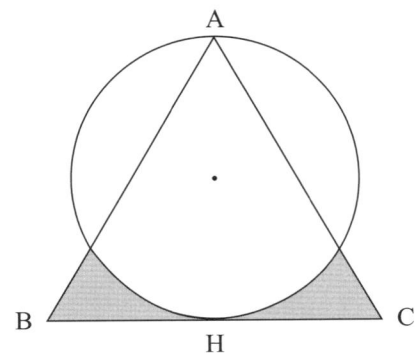

Resp: **160** $18(2\sqrt{3} - \pi)\text{m}^2$ **161** $4(2\pi + 3\sqrt{3})\text{m}^2$ **162** $18(13\pi - 8\sqrt{3})\text{m}^2$
163 $18(2\sqrt{3} - \pi)\text{m}^2$ **164** $6(25 - 6\pi)\text{cm}^2$ **165** $6(5\sqrt{3} - 2\pi)\text{m}^2$

172 Na figura abaixo tem-se AB = AD e CD = 8 cm. Determine a área do quadrilátero ABCD.

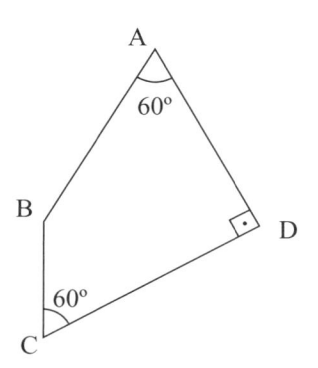

173 Determine a área do triângulo menor da figura abaixo.

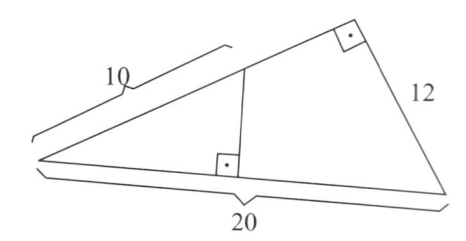

174 Calcule a área da parte sombreada.

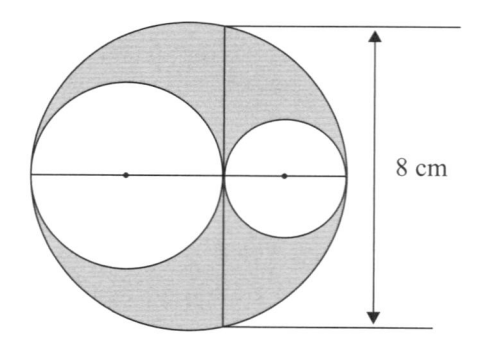

175 Determine a área do círculo abaixo, sabendo que ABCD é um losango cujas diagonais medem 30 m e 40 m.

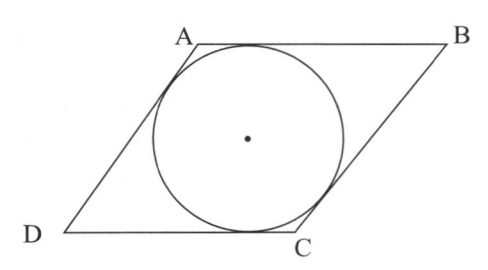

176 Determine a área do círculo menor na figura abaixo.

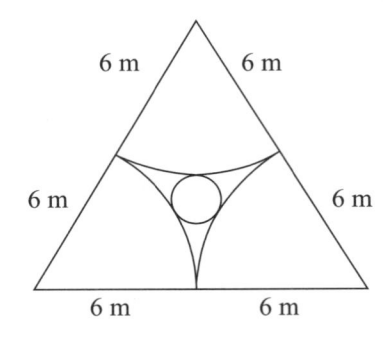

177 Na figura abaixo, os segmentos que formam a região poligonal medem 6 m. Determine a área da região sombreada.

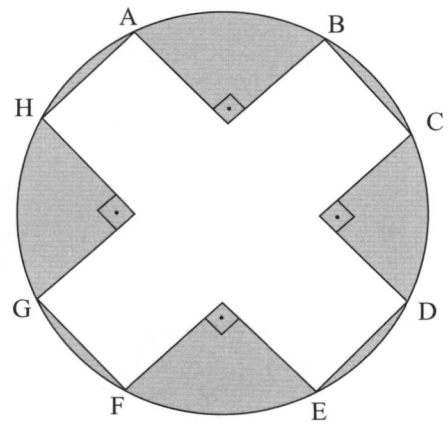

Resp: | **166** $2(4\pi - 3\sqrt{3})cm^2$ | **167** $54\pi\ m^2$ | **168** $6\pi\ cm^2$
| **169** $(2\pi - 3\sqrt{3})m^2$ | **170** $3(4\pi - 3\sqrt{3})m^2$ | **171** $6(5\sqrt{3} - 2\pi)m^2$

178 (Enem 2018) A figura mostra uma praça circular que contém um chafariz em seu centro e, em seu entorno, um passeio. Os círculos que definem a praça e o chafariz são concêntricos. O passeio terá seu piso revestido com ladrilhos. Sem condições de calcular os raios, pois o chafariz está cheio, um engenheiro fez a seguinte medição: esticou uma trena tangente ao chafariz, medindo a distância entre dois pontos A e B, conforme a figura. Com isso, obteve a medida do segmento de reta AB: 16 m. Dispondo apenas dessa medida, o engenheiro calculou corretamente a medida da área do passeio, em metro quadrado. A medida encontrada pelo engenheiro foi

a) 4π
b) 8π
c) 48π
d) 64π
e) 192π

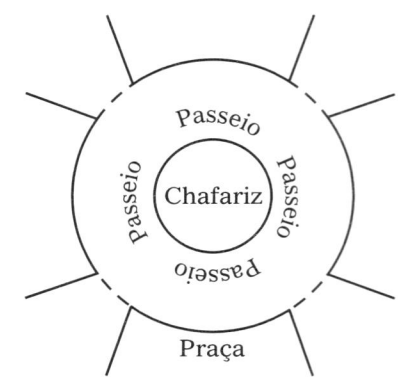

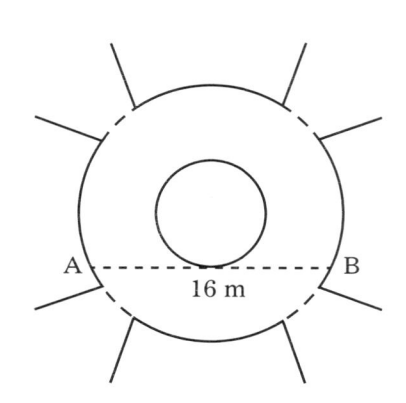

179 (Enem PPL 2018) Um brinquedo chamado pula-pula, quando visto de cima, consiste de uma cama elástica com contorno em formato de um hexágono regular. Se a área do círculo inscrito no hexágono é 3π metros quadrados, então a área do hexágono, em metro quadrado, é

a) 9
b) $6\sqrt{3}$
c) $9\sqrt{2}$
d) 12
e) $12\sqrt{3}$

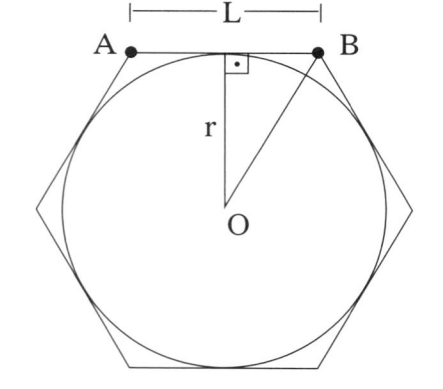

180 (UERJ 2019) A figura ilustra três circunferências, de raios 1, 2 e 3, tangentes duas a duas nos pontos M, N e P. O comprimento do segmento de reta MN é igual à raiz quadrada de:

a) 3,6
b) 3,8
c) 4,2
d) 4,4

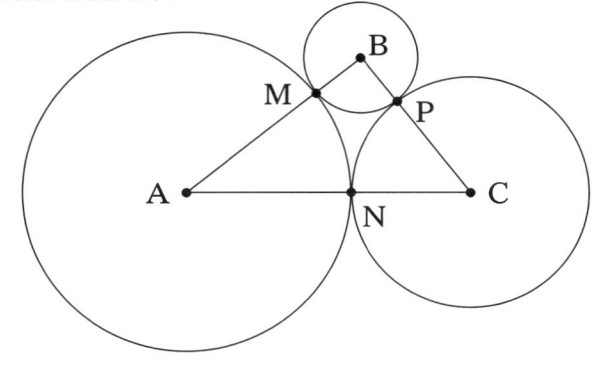

181 (EFOMM 2018) Qual é a área de uma circunferência inscrita em um triângulo equilátero, sabendo-se que esse triângulo está inscrito em uma circunferência de comprimento igual a 10π cm?

a) $\dfrac{75\pi}{4}$
b) $\dfrac{25\pi}{4}$
c) $\dfrac{5\pi}{2}$
d) $\dfrac{25\pi}{16}$
e) $\dfrac{5\pi}{4}$

182 (UPE-SSA 3 – 2018) Na figura, os vértices de um triângulo equilátero de lado 4 cm são centros de três círculos que se tangenciam mutuamente, determinando a região hachurada de preto no interior do triângulo. Qual é a medida da área dessa região?

Considere $\pi \cong 3{,}0$ e $\sqrt{3} \cong 17$

a) 0,6
b) 0,3
c) 0,5
d) 0,8
e) 0,4

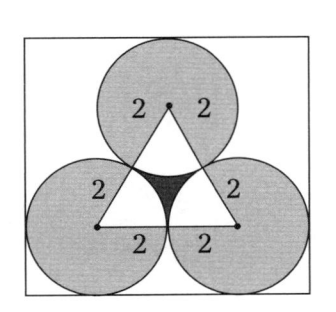

Resp: **172** $20\sqrt{3}$ cm²   **173** 24   **174** 8π m²
175 144π m²   **176** $12\pi(7-4\sqrt{3})$ m²   **177** $90(\pi-2)$ m²

183 (ESPCEX (Aman) 2018) Seis círculos de raio 1 cm são inseridos no paralelogramo MNPQ de área X cm² de acordo com a figura ao lado.

Sabendo-se que os seis círculos são tangentes entre si e com os lados do paralelogramo, a área X em cm² é

a) $11 + 6\sqrt{3}$

b) $\dfrac{30 + 14\sqrt{3}}{3}$

c) $10 + 5\sqrt{3}$

d) $11 - 6\sqrt{3}$

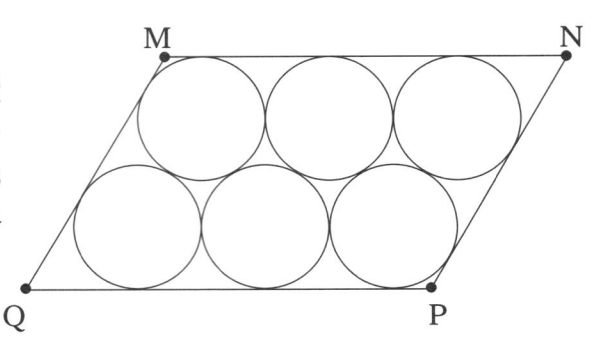

e) $\dfrac{36 + 20\sqrt{3}}{3}$

Desenho ilustrativo fora de escala

---

184 (Unicamp 2018) A figura abaixo exibe um setor circular dividido em duas regiões de mesma área. A razão $\dfrac{a}{b}$ é igual a

a) $\sqrt{3} + 1$.

b) $\sqrt{2} + 1$.

c) $\sqrt{3}$.

d) $\sqrt{2}$.

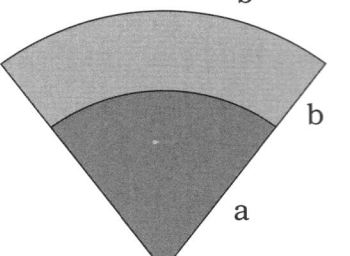

---

185 (ITA 2018) Os lados de um triângulo de vértices A, B e C medem AB = 3 cm, BC = 7 cm e CA = 8 cm. A circunferência inscrita no triângulo tangencia o lado $\overline{AB}$ no ponto N e o lado $\overline{CA}$ no ponto k. Então, o comprimento do segmento $\overline{NK}$ em cm, é

a) 2.

b) $2\sqrt{2}$.

c) 3.

d) $2\sqrt{3}$.

e) $\dfrac{7}{2}$.

186 (Ufrgs 2019) Os quatro hexágonos da imagem a seguir são regulares e cada um tem área de 48 cm². Os vértices do quadrilátero ABCD coincidem com vértices dos hexágonos. Os pontos E, D, B e F são colineares. A área do quadrilátero ABCD em cm², é

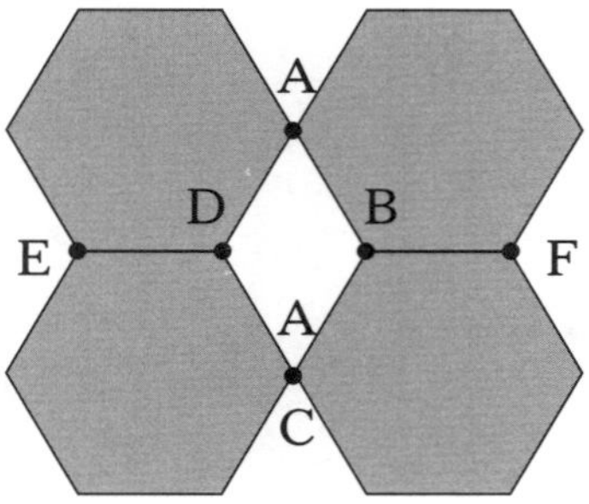

a) 8.
b) 10.
c) 16.
d) 24.
e) 36.

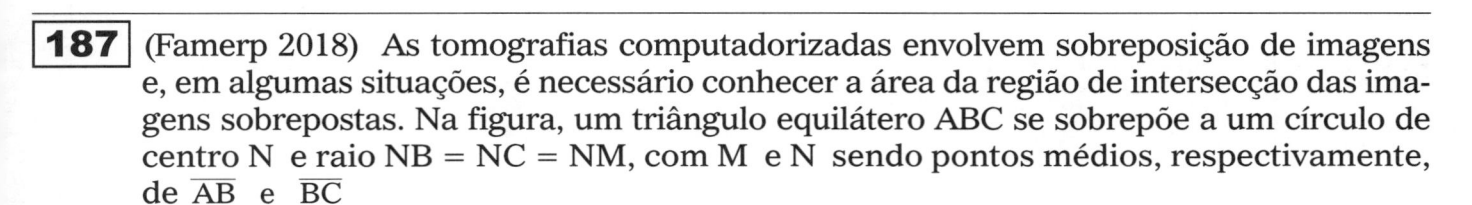

187 (Famerp 2018) As tomografias computadorizadas envolvem sobreposição de imagens e, em algumas situações, é necessário conhecer a área da região de intersecção das imagens sobrepostas. Na figura, um triângulo equilátero ABC se sobrepõe a um círculo de centro N e raio NB = NC = NM, com M e N sendo pontos médios, respectivamente, de $\overline{AB}$ e $\overline{BC}$

Sendo a área de triângulo equilátero de lado ℓ igual a $\dfrac{\ell^2\sqrt{3}}{4}$ e a área de círculo de raio r igual a πr^2 se o lado do triângulo ABC medir 4cm então, a área de intersecção entre o triângulo e o círculo, em cm² será igual a

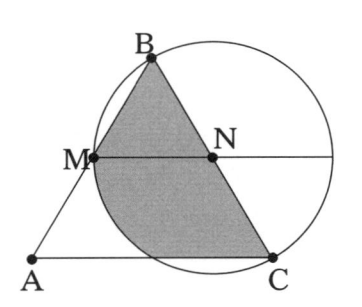

a) $\pi + 3\sqrt{3}$

b) $\dfrac{\pi + 3\sqrt{3}}{2}$

c) $\pi + \sqrt{3}$

d) $\dfrac{2\pi + 6\sqrt{3}}{3}$

e) $\pi + 2\sqrt{3}$

Resp: **178** D   **179** B   **180** A   **181** B   **182** D

188 (Epcar (Afa) 2018) A figura a seguir é um pentágono regular de lado 2 cm. Os triângulos DBC e BCP são semelhantes. A medida de $\overline{AC}$, uma das diagonais do pentágono regular, em cm é igual a

a) $1+\sqrt{5}$

b) $-1+\sqrt{5}$

c) $2+\dfrac{\sqrt{5}}{2}$

d) $2\sqrt{5}-1$

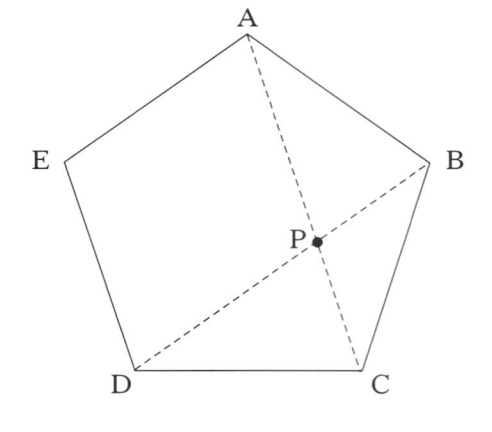

189 (G1 – CFTMG 2019) A figura abaixo representa quatro circunferências de mesmo raio e centros A, B, C e D. Essas circunferências tangenciam-se em um único ponto P, comum às quatro circunferências, e o quadrilátero ABCD é um quadrado cujo lado mede $2\sqrt{2}$ cm. A área da região sombreada na figura, em cm², é

a) $2\pi - 4$.

b) $8\pi - 4$.

c) $8\pi - 16$.

d) $16\pi - 16$.

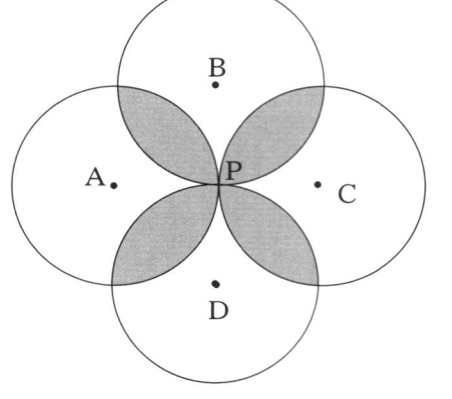

190 (Ufrgs 2018) Considere um triângulo equilátero circunscrito a um círculo. Se a distância de cada vértice do triângulo ao centro do círculo é 2 cm, a área da região do triângulo não ocupada pelo círculo, em cm², é

a) $4\sqrt{3}-2\pi$.   b) $3\sqrt{3}-\pi$.   c) $\sqrt{3}+\pi$.   d) π.   e) $3\sqrt{2}$.

191 (Fac. Albert Einstein – Medicin 2018) Uma circunferência tangencia o lado BC de um triângulo ABC no ponto F e intersecta os lados AB e AC desse triângulo, nos pontos E e D respectivamente, conforme mostra a figura. Sabendo que essa circunferência passa pelo ponto A, a distância entre os pontos D e E, em cm é igual a

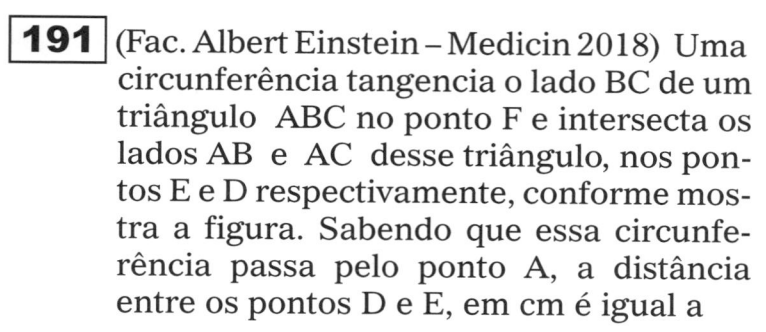

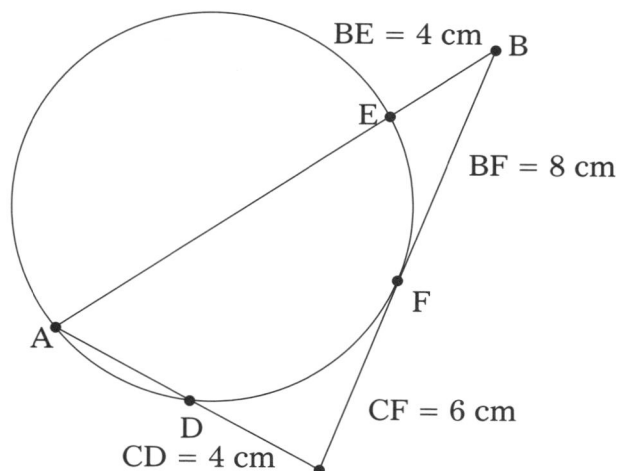

a) 10,5.
b) 10,9.
c) 11,3.
d) 11,7.

BE = 4 cm
BF = 8 cm
CF = 6 cm
CD = 4 cm

---

192 (UPF 2018) Uma empresa produz tampas circulares de alumínio para tanques cilíndricos a partir de chapas quadradas, conforme as figuras a seguir. Com o mesmo tamanho de chapa, pode produzir 1 tampa grande, 4 tampas médias ou 16 tampas pequenas. A cada dia, é cortado, nessa empresa, o mesmo número de chapas para cada tamanho de tampas. As sobras de material da produção diária das tampas grandes, médias e pequenas são doadas, respectivamente, a três entidades: A, B e C, que efetuam reciclagem do material.

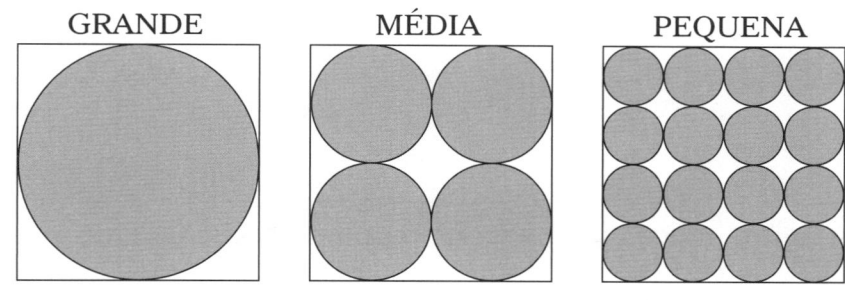

GRANDE   MÉDIA   PEQUENA

A partir dessas informações, é possível concluir que

a) a entidade A recebe mais material do que a entidade B.

b) a entidade B recebe o dobro de material do que a entidade C.

c) a entidade C recebe a metade de material do que a entidade A.

d) as três entidades recebem iguais quantidades de material.

e) as entidades A e C, juntas, recebem menos material do que a entidade B.

193 (FGV 2018) A figura representa uma semicircunferência de diâmetro $\overline{CD}$, perfeitamente inscrita no retângulo ABCD. Sabe-se que P é um ponto de $\overline{AB}$, e que $\overline{AP}$ é diâmetro da circunferência que tangencia a semicircunferência maior em T.

Se CD = 8 cm, a área sombreada na figura é, em cm² igual a

a) $\dfrac{64-15\pi}{2}$

b) $32-8\pi$

c) $\dfrac{64-15\pi}{4}$

d) $32-9\pi$

e) $16-4\pi$

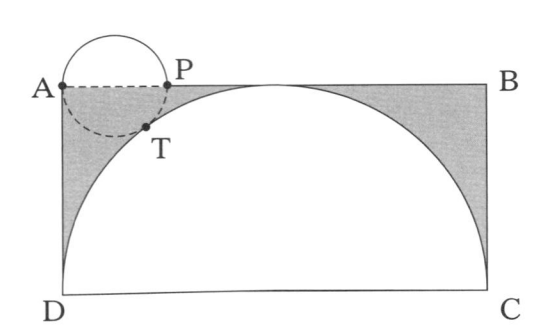

---

194 (UFRGS 2018) A partir de um hexágono regular de lado unitário, constroem-se semicírculos de diâmetros também unitários, conforme indicados na figura abaixo.

A medida da área sombreada é

a) $\dfrac{3\sqrt{3}-\pi}{4}$.

b) $\dfrac{\pi}{4}$.

c) $\dfrac{3\sqrt{3}}{4}$.

d) $\dfrac{3\sqrt{3}+\pi}{4}$.

e) $\dfrac{3\sqrt{3}}{2}$.

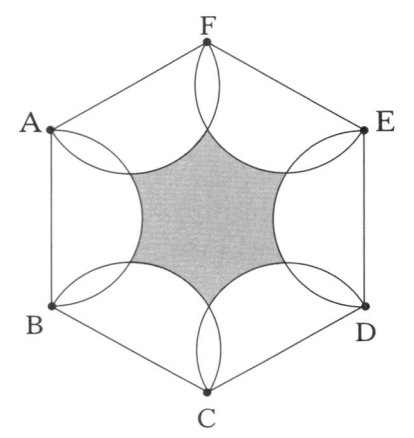

---

195 (FGV 2018) A figura indica um hexágono regular de ABCDEF de área S_1 e um hexágono regular GHIJKL, de vértices nos pontos médios dos apótemas do hexágono e área S_2.

Nas condições descritas, $\dfrac{S_2}{S_1}$ é igual a

a) $\dfrac{3}{4}$

b) $\dfrac{8}{25}$

c) $\dfrac{7}{25}$

d) $\dfrac{1}{5}$

e) $\dfrac{3}{16}$

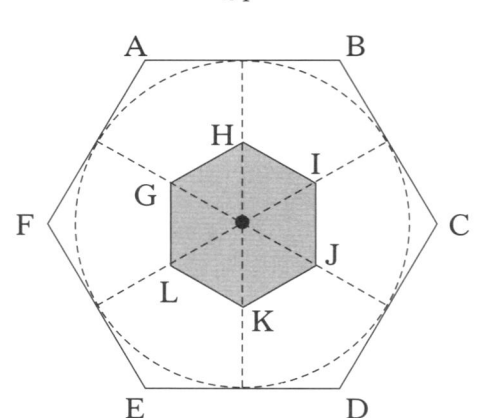

196 (G1 - epcar (CPCAR) 2019) Um artista plástico providenciou uma peça de decoração com características matemáticas conforme representado no croqui a seguir.

Considere que:

1) $\overline{OA} = \overline{OB} = \overline{OC} = \overline{OD} = \overline{OE} = \overline{OF} = \overline{OG} = \overline{OH} = R$

2) Os arcos de circunferência AB, BC, CD, DE, EF, FG, GH, HA ora têm centro no ponto médio de cada uma das cordas $\overline{AB}, \overline{BC}, \overline{CD}, \overline{DE}, \overline{EF}, \overline{FG}, \overline{GH}, \overline{HA}$ respectivamente, ora têm centro no ponto O.

3) $\pi = 3$

4) $\sqrt{2} = 1,4$

A área hachurada no croqui, em função da medida R é igual a

a) $1,4R^2$ b) $1,6R^2$ c) $1,8R^2$ d) $2R^2$

---

197 (G1 – CFTMG 2019) Arquimedes (212 a.C.), em uma de suas obras, descreve que um arbelos é uma região plana, delimitada por três semicírculos. Na figura a seguir, a região destacada é um arbelos, delimitado por três semicircunferências cujos diâmetros são $\overline{AB}, \overline{AC}$ e $\overline{BC}$.

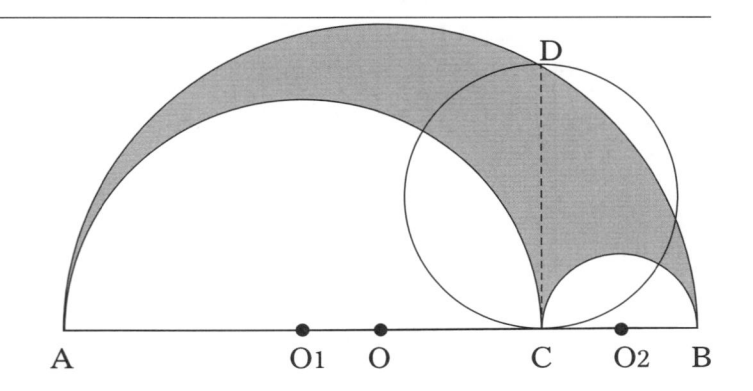

Se med$(\overline{AB}) = 6$ cm, med$(\overline{AC}) = 4$ cm e $\overline{AB} \perp \overline{CD}$ a razão entre a área desse arbelos e a área do círculo de diâmetro $\overline{CD}$ é

a) $\frac{1}{2}$.   b) 1.   c) $\frac{3}{2}$.   d) 2.

---

198 (UFJF-PISM – 1– 2019) A figura abaixo apresenta a tela de um radar térmico que, na cor cinza, indica a região de uma floresta onde foi detectada uma grande queimada. Nessa tela, as circunferências em O, e as medidas de seus raios estão indicadas na tela, em quilômetros. Há também seis retas que passam pelo ponto O e que dividem cada circunferência em arcos de mesma medida. Utilize como aproximação para o número π.

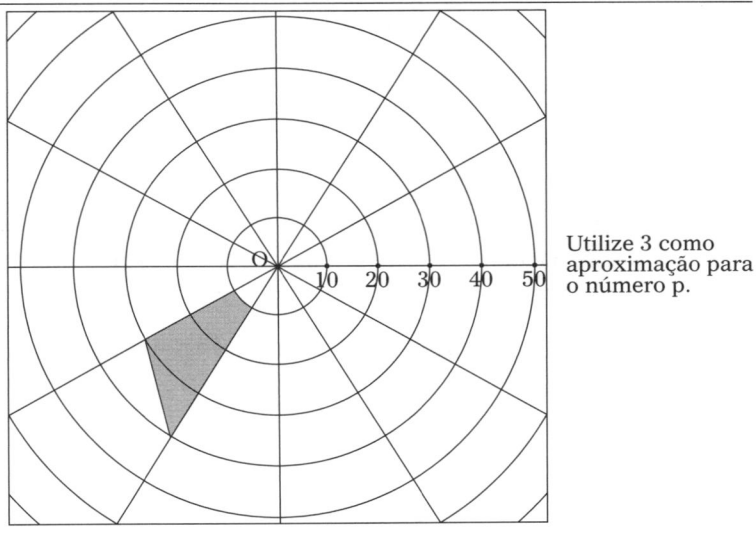

Utilize 3 como aproximação para o número p.

A extensão, em quilômetros quadrados, da área de queimada indicada pelo radar mede

a) 275,0   b) 287,5   c) 295,0   d) 365,0   e) 575,0

Resp: **188** A   **189** C   **190** B   **191** A   **192** D

199 (Ufms 2019) Para o projeto de reforma de uma casa, foi planejada a troca do piso da cozinha. Foi escolhido um modelo de piso representado pela Figura 1. No momento de assentar o piso, unindo quatro peças e invertendo a posição de três delas, obtém-se a Figura 2.

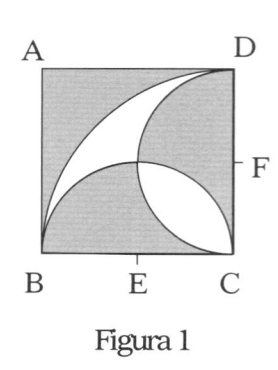

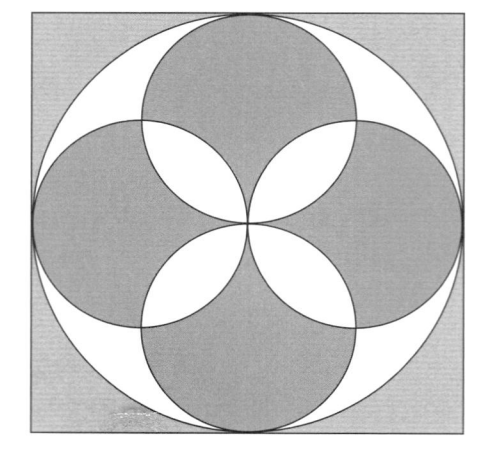

Figura 1

Figura 2

Os lados da Figura 1 medem 2 cm cada. A estampa do piso é formada por arcos de circunferência, com centros nos pontos E, C e F, de tal forma que BE = EC e DF = FC. Quanto mede a área escura da Figura 2?

a) $(6 - \pi)$ cm². b) $(20 - 2\pi)$ cm². c) $(4\pi - 8)$ cm². d) $(\pi - 2)$ cm². e) $(24 - 4\pi)$ cm².

200 (Ufms 2019) Uma nova liga metálica maleável foi desenvolvida pela indústria da construção civil, a fim de obter novos designs. Uma das maneiras de produzir esses novos modelos, a partir de uma barra circular, é colocá-la em uma prensa e comprimi-la, conforme o esquema a seguir:

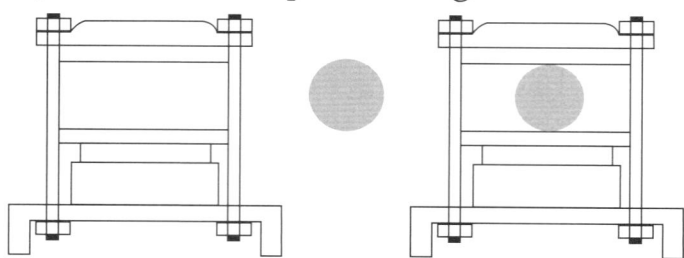

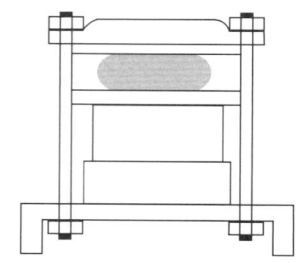

Suponha que a parte superior e inferior da prensa sejam perfeitamente paralelas e que as partes curvas da nova barra obtida sejam semicircunferências com a metade do diâmetro da face circular original. Suponha, ainda, que o perímetro permanece inalterado em relação ao círculo original da barra.

A razão da área da face comprimida pela área da face circular da barra original é igual a:

a) $\dfrac{5}{4}$ b) $\dfrac{3}{4}$ c) $\dfrac{4}{3}$ d) $\dfrac{2}{3}$ e) $\dfrac{3}{2}$

201 (Fuvest 2014) Uma circunferência de raio 3 cm está inscrita no triângulo isósceles ABC, no qual $\overline{AB} = \overline{AC}$. A altura relativa ao lado $\overline{BC}$ mede 8 cm. O comprimento de $\overline{BC}$ é, portanto, igual a

a) 24 cm   b) 13 cm   c) 12 cm   d) 9 cm   e) 7 cm

202 (Enem PPL 2014) Um homem, determinado a melhorar sua saúde, resolveu andar diariamente numa praça circular que há em frente à sua casa. Todos os dias ele dá exatamente 15 voltas em torno da praça, que tem 50 m de raio.

Use 3 como aproximação para π.

Qual é a distância percorrida por esse homem em sua caminhada diária?

a) 0,30 km   b) 0,75 km   c) 1,50 km   d) 2,25 km   e) 4,50 km

203 (Fuvest 2014) Uma das piscinas do Centro de Práticas Esportivas da USP tem o formato de três hexágonos regulares congruentes, justapostos, de modo que cada par de hexágonos tem um lado em comum, conforme representado na figura abaixo. A distância entre lados paralelos de cada hexágono é de 25 metros.

Assinale a alternativa que mais se aproxima da área da piscina.

a) 1 600 m²
b) 1 800 m²
c) 2 000 m²
d) 2 200 m²
e) 2 400 m²

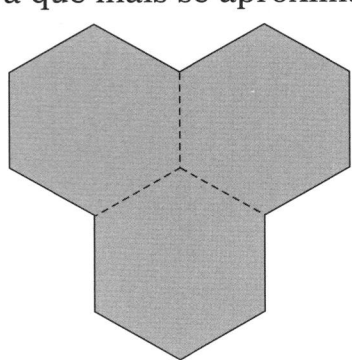

204 (ENEM PPL 2016) Um arquiteto deseja construir um jardim circular de 20 m de diâmetro. Nesse jardim, uma parte do terreno será reservada para pedras ornamentais. Essa parte terá a forma de um quadrado inscrito na circunferência, como mostrado na figura. Na parte compreendida entre o contorno da circunferência e a parte externa ao quadrado, será colocada terra vegetal. Nessa parte do jardim, serão usados 15 kg de terra para cada m². A terra vegetal é comercializada em sacos com exatos 15 kg cada. Use 3 como valor aproximado para π.

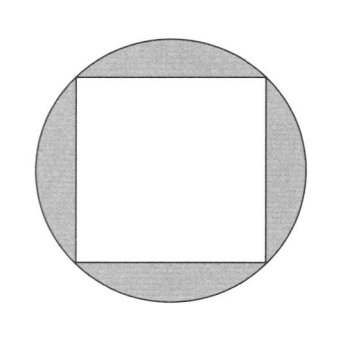

O número mínimo de sacos de terra vegetal necessários para cobrir a parte descrita do jardim é

a) 100.   b) 140.   c) 200.   d) 800.   e) 1 000.

---

205 (FGV 2016) As cordas $\overline{AB}$ e $\overline{CD}$ de uma circunferência de centro O são, respectivamente, lados de polígonos regulares de 6 e 10 lados inscritos nessa circunferência. Na mesma circunferência, as cordas AD e BC se intersectam no ponto P, conforme indica a figura a seguir.

A medida do ângulo $B\hat{P}D$ indicado na figura por α é igual a

a) 120°   b) 124°   c) 128°
d) 130°   e) 132°

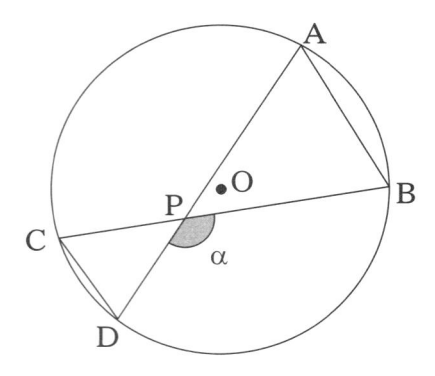

---

206 (Enem PPL 2016) No projeto de arborização de uma praça está prevista a construção de um canteiro circular. Esse canteiro será constituído de uma área central e de uma faixa circular ao seu redor, conforme ilustra a figura.

Deseja-se que a área central seja igual à área da faixa circular sombreada. A relação entre os raios do canteiro (R) e da área central (r) deverá ser

a) $R = 2r$

b) $R = r\sqrt{2}$

c) $R = \dfrac{r^2 + 2r}{2}$

d) $R = r^2 + 2r$

e) $R = \dfrac{3}{2}r$

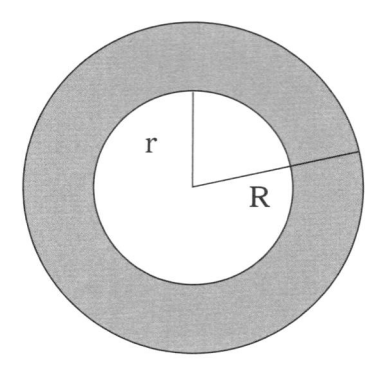

207 (Enem PPL 2016) Tradicionalmente uma pizza média de formato circular tem diâmetro de 30 cm e é dividida em 8 fatias iguais (mesma área). Uma família, ao se reunir para o jantar, fará uma pizza de formato circular e pretende dividi-la em 10 fatias também iguais. Entretanto, eles desejam que cada fatia dessa pizza tenha o mesmo tamanho (mesma área) de cada fatia da pizza média quando dividida em 8 fatias iguais.

Qual o valor mais próximo do raio com que deve ser feita a pizza, em centímetro, para que eles consigam dividi-la da forma pretendida?

Use 2,2 como aproximação para $\sqrt{5}$.

a) 15,00   b) 16,50   c) 18,75   d) 33,00   e) 37,50

208 (Enem PPL 2016) Um ciclista **A** usou uma bicicleta com rodas com diâmetros medindo 60 cm e percorreu, com ela, 10 km. Um ciclista **B** usou outra bicicleta com rodas cujos diâmetros mediam 40 cm e percorreu, com ela, 5 km.

Considere 3,14 como aproximação para π

A relação entre o número de voltas efetuadas pelas rodas da bicicleta do ciclista A e o número de voltas efetuadas pelas rodas da bicicleta do ciclista B é dada por

a) $\dfrac{1}{2}$ b) $\dfrac{2}{3}$ c) $\dfrac{3}{4}$ d) $\dfrac{4}{3}$ e) $\dfrac{3}{2}$

209 (Unicamp 2016) A figura abaixo exibe um quadrilátero ABCD, onde $\overline{AB} = \overline{AD}$ e $\overline{BC} = \overline{CD} = 2$ cm.

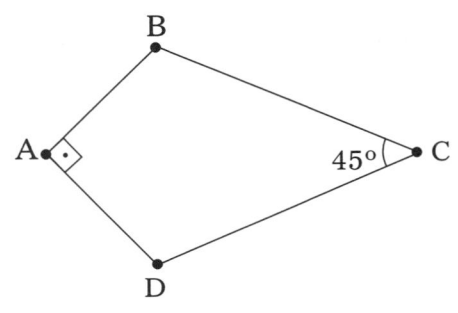

A área do quadrilátero ABCD é igual a

a) $\sqrt{2}$ cm²   b) 2 cm²   c) $2\sqrt{2}$ cm²   d) 3 cm²

210 (Fuvest 2016) São dadas três circunferências de raio r duas a duas tangentes. Os pontos de tangência são P_1, P_2 e P_3.

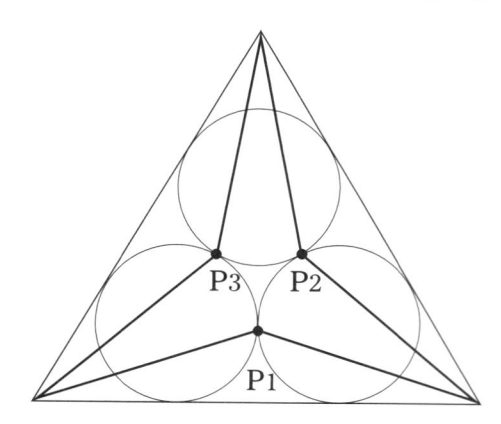

Calcule, em função de r,

a) o comprimento do lado do triângulo equilátero T determinado pelas três retas que são definidas pela seguinte exigência: cada uma delas é tangente a duas das circunferências e não intersecta a terceira;

b) a área do hexágono não convexo cujos lados são os segmentos ligando cada ponto P_1, P_2 e P_3 aos dois vértices do triângulo T mais próximos a ele.

211 (Espcex (Aman) 2014) Em um treinamento da arma de Artilharia, existem 3 canhões A, B e C. Cada canhão, de acordo com o seu modelo, tem um raio de alcance diferente e os três têm capacidade de giro horizontal de 360°. Sabendo que as distâncias entre A e B é de 9 km, entre B e C é de 8 km e entre A e C é de 6 km, determine, em km², a área total que está protegida por esses 3 canhões, admitindo que os círculos são tangentes entre si.

a) $\dfrac{23}{2}\pi$ b) $\dfrac{23}{4}\pi$ c) $\dfrac{385}{8}\pi$ d) $\dfrac{195}{4}\pi$ e) $\dfrac{529}{4}\pi$

212 (Espm 2015) Na figura abaixo, ABCD é um retângulo e ADE é um quadrante de círculo de centro D. Se o lado AB e o arco AE têm comprimentos iguais a π cm a medida da área sombreada, em cm² é:

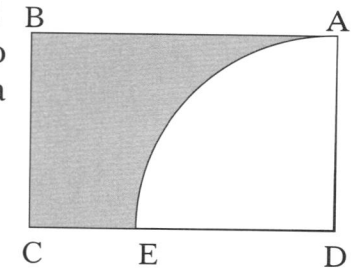

a) 4 b) π c) 2π d) $\dfrac{\pi}{2}$ e) 2

213 (ITA 2016) Sejam λ uma circunferência de raio 4 cm e $\overline{PQ}$ uma corda em λ de comprimento 4 cm. As tangentes a λ em P e em Q interceptam-se no ponto R exterior a λ. Então, a área do triângulo em PQR, em cm² é igual a

a) $\dfrac{2\sqrt{3}}{3}$.   b) $\dfrac{3\sqrt{2}}{2}$.   c) $\dfrac{\sqrt{6}}{2}$.   d) $\dfrac{2\sqrt{3}}{5}$.   e) $\dfrac{4\sqrt{3}}{3}$.

---

214 (FGV 2014) A figura mostra um semicírculo cujo diâmetro AB, de medida R, é uma corda de outro semicírculo de diâmetro 2R e centro O.

a) Calcule o perímetro da parte sombreada.

b) Calcule a área da parte sombreada.

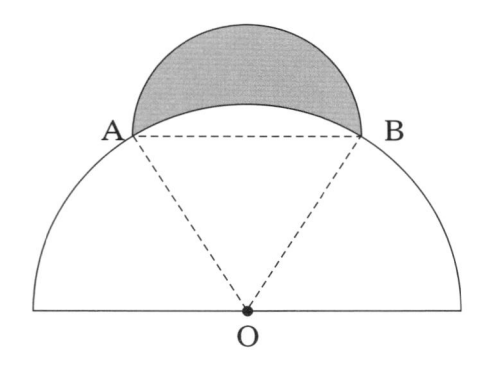

---

215 (FGV 2016) A figura indica um semicírculo de centro C e diâmetro DE= 24 cm e um triângulo retângulo ABC. A área sombreada no semicírculo é igual a 69π cm².

Nas condições descritas, a medida do ângulo, denotado por α é igual a

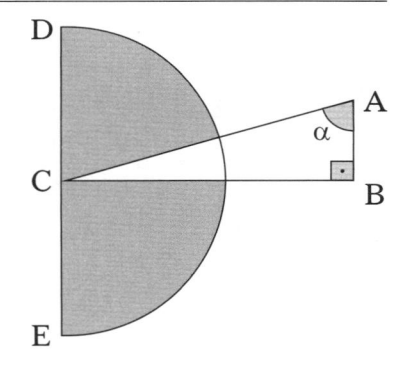

a) 75°.   b) 75,5°.   c) 82°.
d) 82,5°.   e) 85°.

Resp: **204** A   **205** E   **206** B   **207** B   **208** D   **209** B

216 (ITA 2017) Seis circunferências de raio 5 cm são tangentes entre si duas a duas e seus centros são vértices de um hexágono regular, conforme a figura ao lado.

O comprimento de uma correia tensionada que envolve externamente as seis circunferências mede, em cm

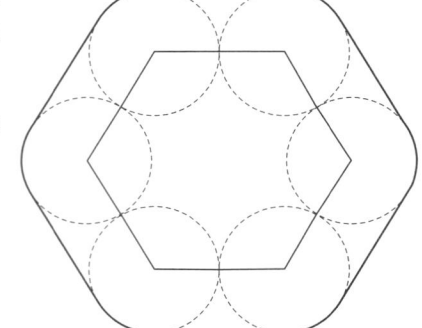

a) $18 + 3\pi$.

b) $30 + 10\pi$.

c) $18 + 6\pi$.

d) $60 + 10\pi$.

e) $36 + 6\pi$.

---

217 (Enem (Libras) 2017) Em uma plataforma de exploração de petróleo, localizada no mar, ocorreu um vazamento. A equipe técnica de operação dessa plataforma percebeu que a mancha de óleo espalhado na superfície do mar tinha formato circular e estimou, visualmente, que a área atingida era de aproximadamente 100 km².

Utilize 3 como aproximação para π.

O valor inteiro mais próximo do raio da mancha de óleo formada, em km é

a) 4.   b) 6.   c) 10.   d) 17.   e) 33.

---

218 (FGV 2017) O quadrado PQRS está inscrito em um círculo de centro C. A corda intersecta a diagonal do quadrado em A sendo que $\overline{QA} = 6$ cm e $\overline{AB} = 4$ cm.

Nas condições descritas, a medida do lado do quadrado PQRS em cm é igual a

a) $2\sqrt{10}$.   b) $5\sqrt{2}$.   c) $2\sqrt{15}$.   d) $6\sqrt{2}$.   e) $7\sqrt{2}$.

219 (G1 - ifce 2019) O triângulo ABC é retângulo em A e tem catetos medindo 12 cm e 24 cm. Os pontos D, E e F são tomados em AB, BC e AC, respectivamente, de tal forma que ADEF é um quadrado. A área desse quadrado, em cm², vale

a) 25. b) 49. c) 36. d) 64. e) 81.

220 (ENEM 2019) Construir figuras de diversos tipos, apenas dobrando e cortando papel, sem cola e sem tesoura, é a arte do *origami* (*ori* = dobrar; *kami* = papel), que tem um significado altamente simbólico no Japão. A base do origami é o conhecimento do mundo por base do tato. Uma jovem resolveu construir um cisne usando a técnica do *origami*, utilizando uma folha de papel de 18 cm por 12 cm. Assim, começou por dobrar a folha conforme a figura.

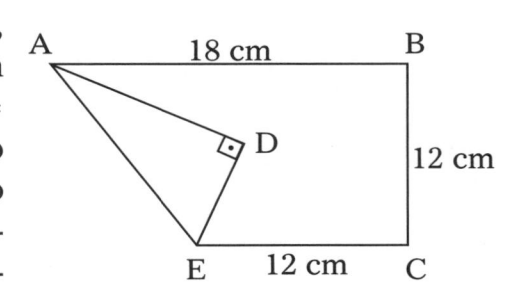

Após essa primeira dobradura, a medida do segmento AE é

a) $2\sqrt{22}$ cm. b) $6\sqrt{3}$ cm. c) 12 cm. d) $6\sqrt{5}$ cm. e) $12\sqrt{2}$ cm.

221 (UDESC 2018) Na figura abaixo sem escala, o raio da circunferência de centro O é r = 3 cm e o segmento $\overline{OP}$ mede 5 cm.

Sabendo que o segmento $\overline{PQ}$ tangencia a circunferência no ponto T, pode-se dizer que o segmento $\overline{OQ}$ mede:

a) 1,25 cm b) 5 cm c) 3,75 cm d) 4 cm e) 3,5 cm

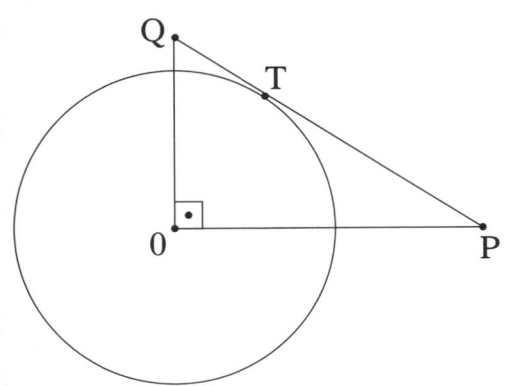

Resp: **210** a) $2r(\sqrt{3}+1)$ b) $r^2(\sqrt{3}+3)$ **211** D **212** B **213** E **214** a) $\frac{5\pi R}{6}$ b) $\frac{R^2}{4}(\sqrt{3}-\frac{\pi}{6})$ **215** D

222 (G1 - CP2 2019) Paulo comprou um terreno na forma de um quadrilátero e pretende cercá-lo com 5 voltas de arame. Para isso, efetuou a medição de três lados e dois ângulos do terreno, mas se esqueceu de medir um de seus lados, conforme mostra a figura a seguir:

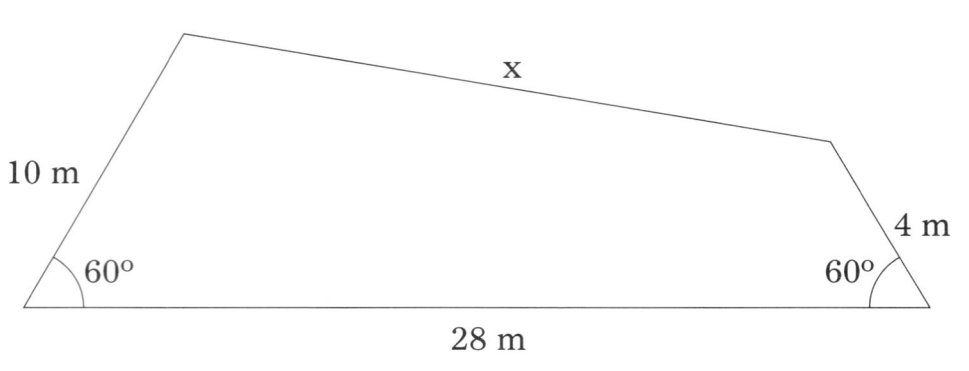

Considere: $\sqrt{13} \cong 3,6$

A quantidade de arame, em metros, que Paulo deverá comprar é

a) 64.   b) 188.   c) 283.   d) 318.

223 (Fatec 2019) Uma artesã borda, com lã, tapetes com desenhos baseados em figuras geométricas. Ela desenvolve um padrão retangular de 20cm por 40cm. No padrão, serão bordados dois triângulos pretos e quatro triângulos na cor cinza e o restante será bordado com lã branca, conforme a figura.

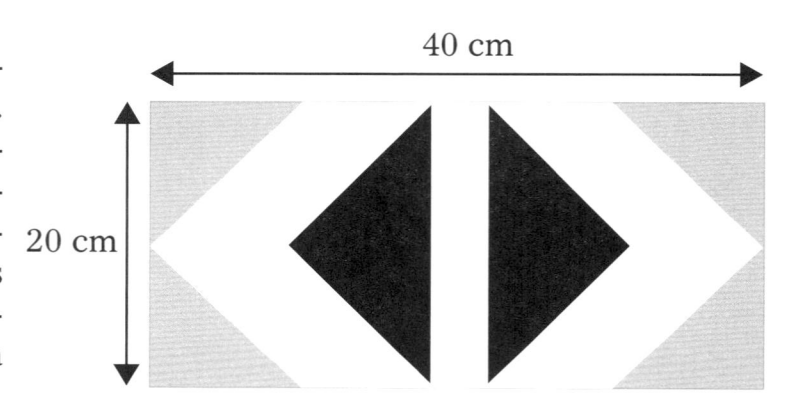

Cada triângulo preto é retângulo e isósceles com hipotenusa $12\sqrt{2}$ cm. Cada triângulo cinza é semelhante a um triângulo preto e possui dois lados de medida 10 cm.

Assim posto, a área no padrão bordada em branco é, em cm²,

a) 344.   b) 456.   c) 582.   d) 628.   e) 780.

224 (Mackenzie 2018) Na figura acima, o triângulo ABC é retângulo em C e sua área vale 6 então o valor do sen$\hat{B}$ é

a) $\frac{3}{5}$ b) 1   c) $\frac{4}{5}$

d) $\frac{2}{5}$ e) $\frac{1}{5}$

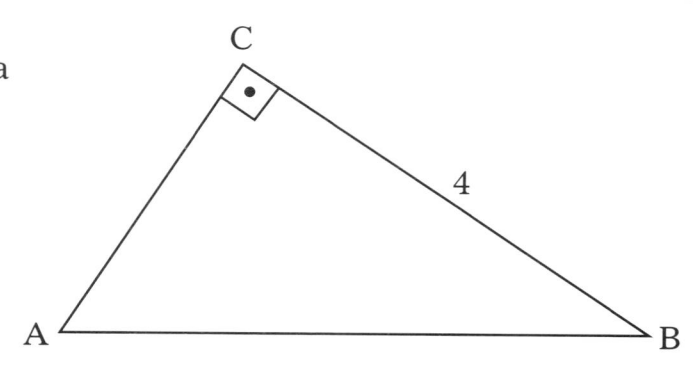

225 (UERJ 2018) Considere na imagem abaixo:

- os quadrados ACFG e ABHI, cujas áreas medem, respectivamente, S_1 e S_2;
- o triângulo retângulo ABC;
- o trapézio retângulo BCDE, construído sobre a hipotenusa BC, que contém o ponto x.

Sabendo que CD = CX e BE = BX, a área do trapézio BCDE é igual a:

a) $\dfrac{S_1 + S_2}{2}$

b) $\dfrac{S_1 + S_2}{3}$

c) $\sqrt{S_1 S_2}$

d) $\sqrt{(S_1)^2 + (S_2)^2}$

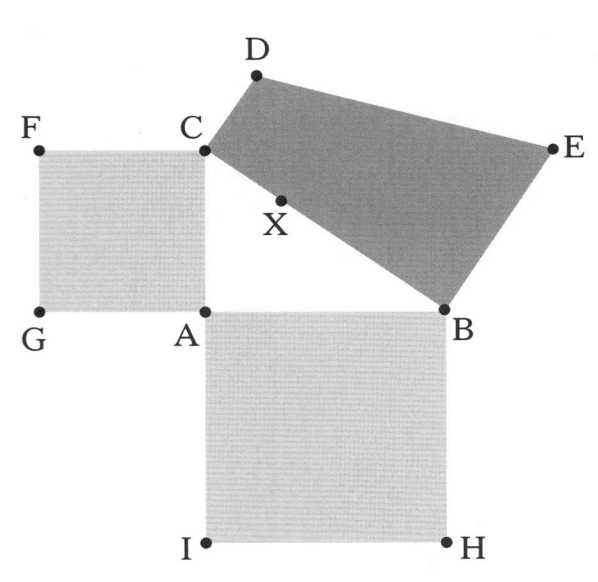

---

226 (Espm 2018) A gravura mostrada na figura abaixo foi dobrada na linha tracejada MN, a x cm da borda AB.

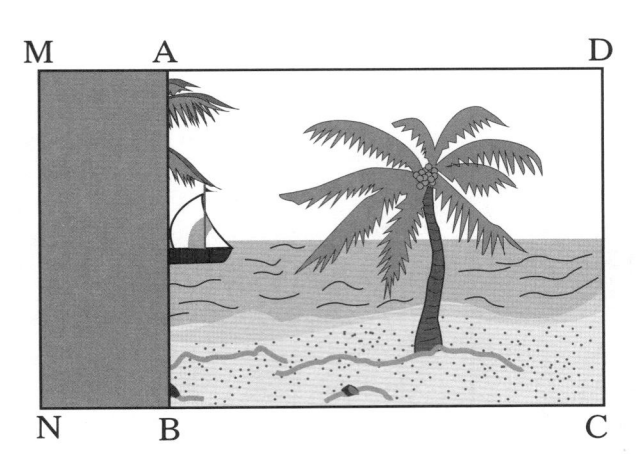

35 m

Sabendo-se que, depois da dobradura, a parte oculta da gravura representa 25% da parte visível, podemos afirmar que a medida x é de:

a) 3,5 cm   b) 6 cm   c) 3 cm   d) 4,5 cm   e) 5 cm

Resp: **216** D   **217** D   **218** C   **219** D   **220** D   **221** C

227 (Unicamp 2019) No triângulo ABC exibido na figura a seguir, M é o ponto médio do lado AB, e N é o ponto médio do lado AC.

Se a área do triângulo MBN é igual a t, então a área do triângulo ABC é igual a

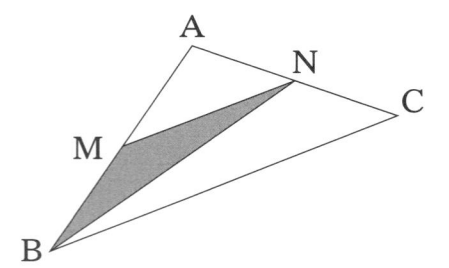

a) 3t.   b) $2\sqrt{3}$ t.   c) 4t.   d) $3\sqrt{2}$ t.

228 (ESPCEX (Aman) 2019) Os centros de dois círculos distam 25 cm. Se os raios desses círculos medem 20 cm e 15 cm, a medida da corda comum a esses dois círculos é

a) 12 cm.   b) 24 cm.   c) 30 cm.   d) 32 cm.   e) 26 cm.

229 (Espcex (Aman) 2019) Em um triângulo ABC, $\overline{BC} = 12$ cm e a mediana relativa a esse lado mede 6 cm. Sabendo-se que a mediana relativa ao lado AB mede 9 cm, qual a área desse triângulo?

a) $\sqrt{35}$ cm². b) $2\sqrt{35}$ cm². c) $6\sqrt{35}$ cm². d) $\dfrac{\sqrt{35}}{2}$ cm². e) $3\sqrt{35}$ cm².

230 (Uece 2019) Se dois círculos cujas medidas dos raios são respectivamente u e v com u < v são tangentes exteriormente no ponto P e se estes círculos também tangenciam os lados de um ângulo com vértice no ponto M, então, o comprimento do segmento MP é

a) $\dfrac{2u + v}{v - u}$.
b) $\dfrac{2uv}{v - u}$.
c) $\dfrac{uv}{v - u}$.
d) $\dfrac{2(u + v)}{v - u}$.

231 (Espcex (Aman) 2019) Considere uma circunferência de centro O e raio 1 cm tangente a uma reta r no ponto Q. A medida do ângulo MÔQ é 30°, onde M é um ponto da circunferência. Sendo P o ponto da reta r tal que PM é paralelo a OQ, a área (em cm²) do trapézio OMPQ é

a) $\dfrac{1}{2} - \dfrac{\sqrt{3}}{8}$.
b) $2 - \dfrac{\sqrt{3}}{2}$.
c) $1 + \dfrac{\sqrt{3}}{2}$.
d) $2 - \dfrac{\sqrt{3}}{8}$.
e) $\dfrac{\sqrt{3}}{2}$.

232 (G1 - IFSC 2019) Na figura a seguir há três quadrados, sendo 258 cm² a soma de suas áreas. Qual o perímetro do maior quadrado, em cm sendo que o menor quadrado tem lado medindo 5 cm?

Assinale a alternativa **CORRETA**.

a) 36 cm b) 32 cm c) 60 cm d) 52 cm e) 40 cm

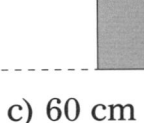

Resp: 222 D   223 B   224 A   225 A   226 A

233 (ESPM 2019) Uma praça tem a forma de um quadrado de 200 m de lado. Partindo juntas de um mesmo canto P duas amigas percorrem o perímetro da praça caminhando em sentidos opostos, com velocidades constantes. O primeiro encontro delas se dá em um ponto A e o segundo, em um ponto B. Se a medida do segmento PA é 250 m então, o segmento PB mede:

a) 50 m   b) 100 m   c) 150 m   d) 200 m   e) 250 m

234 (Espm 2018) Na figura abaixo, M, N e P são os pontos de tangência do triângulo retângulo ABC com sua circunferência inscrita. Se AB = 3 e AC = 4 a área do triângulo BMN é igual a:

a) 1,2   b) 2,0   c) 1,8   d) 2,4   e) 1,6

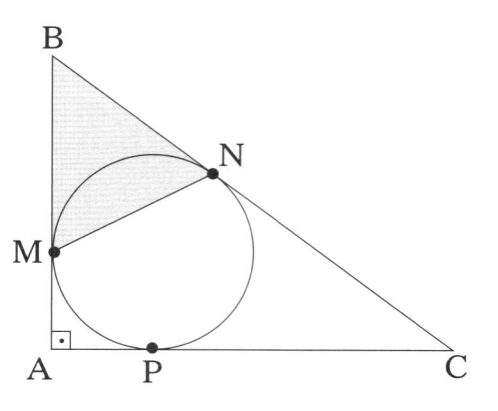

235 (IME 2019) Em um setor circular de 45° limitado pelos raios $\overline{OA}$ e $\overline{OB}$ iguais a R, inscreve-se um quadrado MNPQ onde $\overline{MN}$ está apoiado em $\overline{OA}$ e o ponto Q sobre o raio $\overline{OB}$. Então, o perímetro do quadrado é:

a) 4R   b) 2R   c) $2R\sqrt{2}$ d) $4R\sqrt{5}$ e) $4R\dfrac{\sqrt{5}}{5}$

236 (G1 – CMRJ 2019) Considere o quadrado ABCD cujo lado mede 5 cm, e M um ponto sobre o círculo circunscrito a este quadrado, não coincidente com os vértices A, B, C e D conforme ilustra a figura a seguir.

Qual o valor da soma $(MA)^2 + (MB)^2 + (MC)^2 + (MD)^2$?

a) 10   b) $10\sqrt{2}$ c) 50   d) $50\sqrt{2}$ e) 100

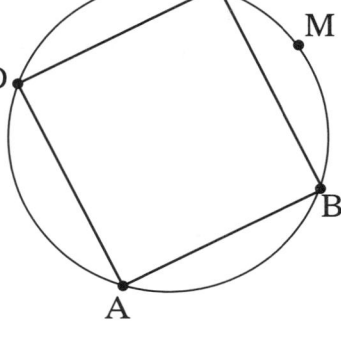

---

237 (Unesp 2017) Na figura, o losango FGCE possui dois lados sobrepostos aos do losango ABCD e sua área é igual à área sombreada.

Se o lado do losango ABCD mede 6 cm o lado do losango FGCE mede

a) $2\sqrt{5}$ cm.   b) $2\sqrt{6}$ cm.
c) $4\sqrt{2}$ cm.   d) $3\sqrt{3}$ cm.
e) $3\sqrt{2}$ cm.

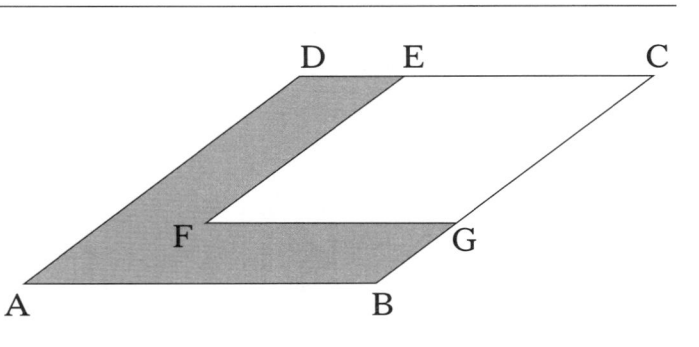

---

238 (FGV 2014) Um triângulo ABC é retângulo em A. Sabendo que $\overline{BC} = 5$ e $A\hat{B}C = 30°$ pode-se afirmar que a área do triângulo ABC é:

a) $3,025\sqrt{3}$ b) $3,125\sqrt{3}$ c) $3,225\sqrt{3}$ d) $3,325\sqrt{3}$ e) $3,425\sqrt{3}$

Resp: **227** C   **228** B   **229** C   **230** B   **231** A   **232** D

239 (ESPM 2014) Durante uma manifestação, os participantes ocuparam uma avenida de 18 m de largura numa extensão de 1,5 km. Considerando-se uma taxa de ocupação de 1,5 pessoas por m² podemos estimar que o número de participantes dessa manifestação foi de aproximadamente:

a) 70 mil   b) 60 mil   c) 40 mil   d) 30 mil   e) 50 mil

240 (UNICAMP 2015) A figura a seguir exibe um pentágono com todos os lados de mesmo comprimento. A medida do ângulo θ é igual a

a) 105°.   b) 120°.   c) 135°.   d) 150°.

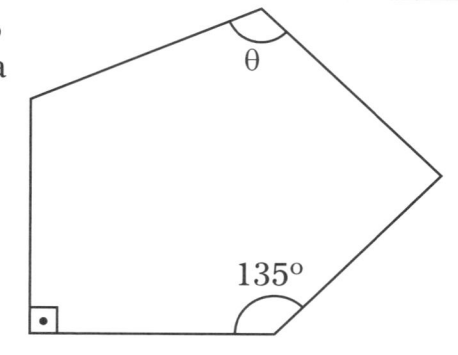

241 (FAC. Albert Einstein - Medicin 2016) Na figura abaixo, ABCD é um retângulo tal que BC = 6 cm e M é ponto médio do lado AB. Se os semicírculos no interior do retângulo são dois a dois tangentes entre si, nos pontos M, P e R então a área de ABCD, em centímetros quadrados, é

a) $36\sqrt{3}$ b) $36\sqrt{2}$ c) $18\sqrt{3}$ d) $18\sqrt{2}$

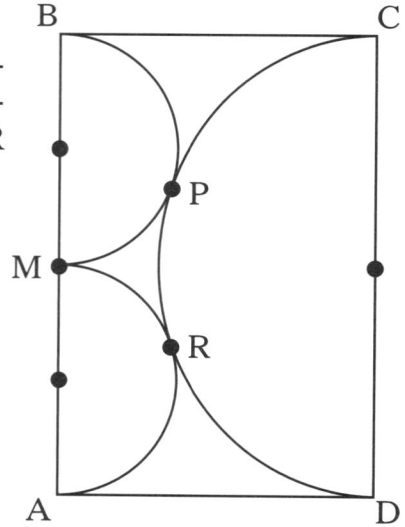

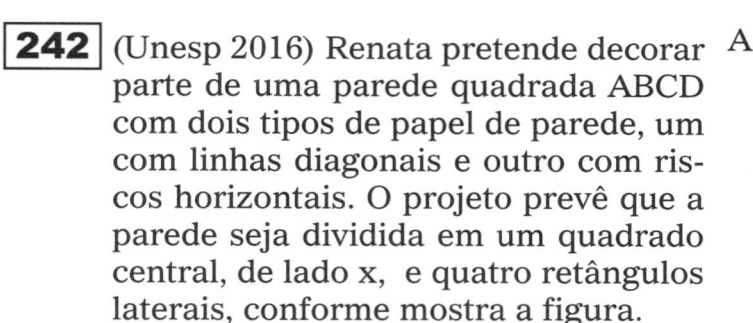

242 (Unesp 2016) Renata pretende decorar parte de uma parede quadrada ABCD com dois tipos de papel de parede, um com linhas diagonais e outro com riscos horizontais. O projeto prevê que a parede seja dividida em um quadrado central, de lado x, e quatro retângulos laterais, conforme mostra a figura.

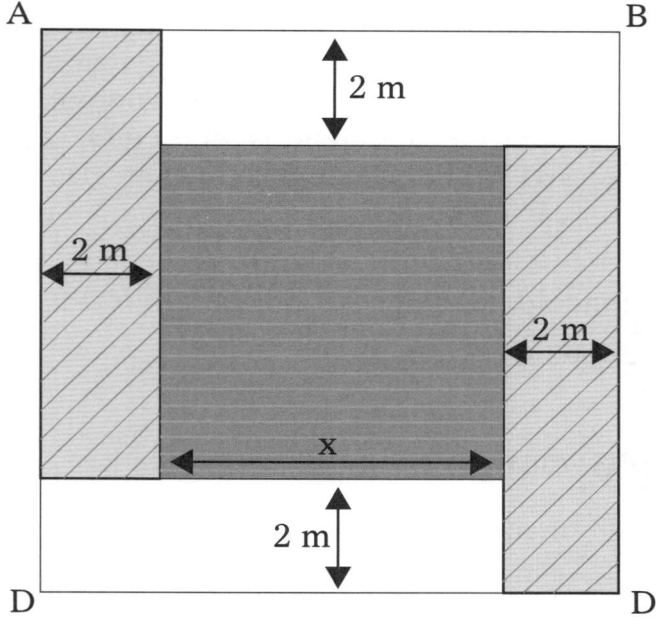

Se o total da área decorada com cada um dos dois tipos de papel é a mesma, então x, em metros, é igual a

a) $1 + 2\sqrt{3}$
b) $2 + 2\sqrt{3}$
c) $2 + \sqrt{3}$
d) $1 + \sqrt{3}$
e) $4 + \sqrt{3}$

---

243 (Unesp 2016) Em um terreno retangular ABCD de 20 m², serão construídos um deque e um lago, ambos de superfícies retangulares de mesma largura, com as medidas indicadas na figura.

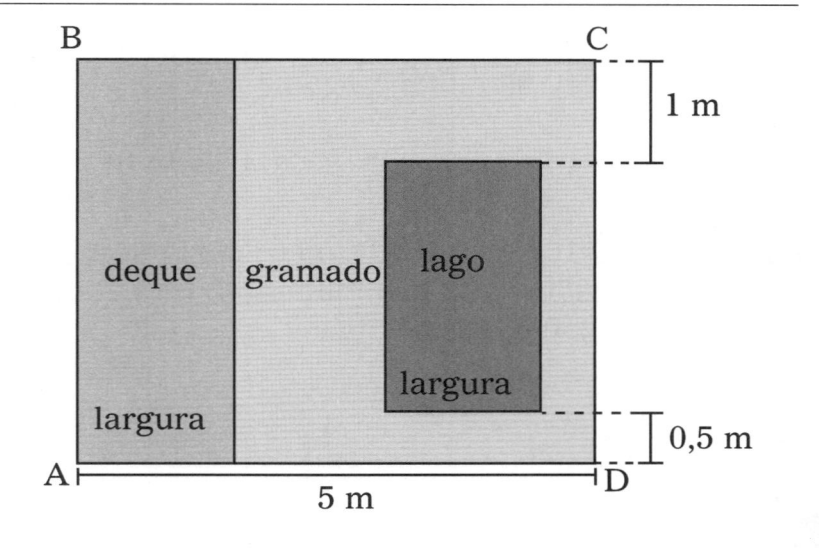

O projeto de construção ainda prevê o plantio de grama na área restante, que corresponde a 48% do terreno.

No projeto descrito, a área da superfície do lago, em m² será igual a

a) 4,1.
b) 4,2.
c) 3,9.
d) 4,0.
e) 3,8.

---

244 (Enem PPL 2016) A prefeitura de uma cidade detectou que as galerias pluviais, que possuem seção transversal na forma de um quadrado de lado 2 m são insuficientes para comportar o escoamento da água em caso de enchentes. Por essa razão, essas galerias foram reformadas e passaram a ter seções quadradas de lado igual ao dobro das anteriores, permitindo uma vazão de 400 m³/s. O cálculo da vazão V (em m³/s) é dado pelo produto entre a área por onde passa a água (em m²) e a velocidade da água (em m/s).

Supondo que a velocidade da água não se alterou, qual era a vazão máxima nas galerias antes das reformas?

a) 25 m³/s
b) 50 m³/s
c) 100 m³/s
d) 200 m³/s
e) 300 m³/s

Resp: **233** B   **234** E   **235** E   **236** E   **237** E   **238** D

245 (Fuvest 2015) Na figura abaixo, a circunferência de centro em O e raio r tangencia o lado $\overline{BC}$ do triângulo ABC no ponto D e tangencia a reta $\overleftrightarrow{AB}$ no ponto E. Os pontos A, D e O são colineares, AD = 2r e o ângulo ACO é reto. Determine, em função de r,

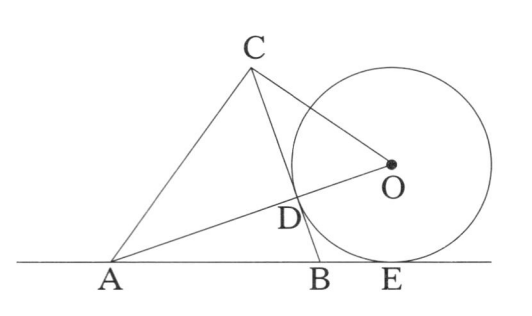

a) a medida do lado $\overline{AB}$ do triângulo ABC;

b) a medida do segmento $\overline{CO}$

---

246 (ITA 2014) Em um triângulo isósceles ABC cuja área mede 48 cm² a razão entre as medidas da altura AP e da base BC é igual a $\frac{2}{3}$. Das afirmações abaixo:

I. As medianas relativas aos lados AB e AC medem $\sqrt{97}$ cm;

II. O baricentro dista 4 cm do vértice A;

III. Se α é o ângulo formado pela base BC com a mediana BM, relativa ao lado AC, então $\cos \alpha = \frac{3}{\sqrt{97}}$. É (são) verdadeira(s)

a) Apenas I. b) Apenas II. c) Apenas III. d) Apenas I e III. e) Apenas II e III.

---

247 (ITA 2015) Seja ABCD um trapézio isósceles com base maior $\overline{AB}$ medindo 15, o lado $\overline{AD}$ medindo 9 e o ângulo $A\hat{D}B$ reto. A distância entre o lado $\overline{AB}$ e o ponto E em que as diagonais se cortam é

a) $\frac{21}{8}$. b) $\frac{27}{8}$. c) $\frac{35}{8}$. d) $\frac{37}{8}$. e) $\frac{45}{8}$.

---

248 (ITA 2014) Considere o triângulo ABC retângulo em A. Sejam $\overline{AE}$ e $\overline{AD}$ a altura e a mediana relativa à hipotenusa $\overline{BC}$, respectivamente. Se a medida de $\overline{BE}$ é $(\sqrt{2}-1)$ cm e a medida de $\overline{AD}$ é 1 cm, então $\overline{AC}$ mede, em cm,

a) $4\sqrt{2}-5$. b) $3-\sqrt{2}$. c) $\sqrt{6-2\sqrt{2}}$. d) $3(\sqrt{2}-1)$. e) $3\sqrt{4\sqrt{2}-5}$.

---

249 (FGV 2014) Um triângulo ABC é retângulo em A. Sabendo que $\overline{BC}=5$ e $A\hat{B}C=30°$, pode-se afirmar que a área do triângulo ABC é:

a) $3,025\sqrt{3}$. b) $3,125\sqrt{3}$. c) $3,225\sqrt{3}$. d) $3,325\sqrt{3}$. e) $3,425\sqrt{3}$.

---

250 (FGV 2016) O triângulo ABC possui medidas conforme indica a figura a seguir.

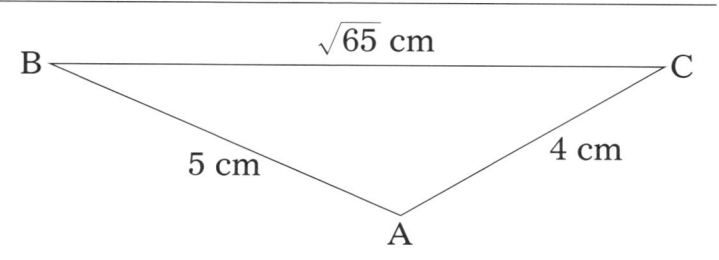

A área desse triângulo, em cm² é igual a

a) 8 b) $6\sqrt{2}$. c) $4\sqrt{6}$.
d) 10. e) $6\sqrt{6}$.

251 (FGV 2016) Um triângulo isósceles tem a base medindo 10 e um dos ângulos da base medindo 45°. A medida do raio da circunferência inscrita nesse triângulo é:

a) $5\sqrt{2} - 4$. b) $5\sqrt{2} - 6$. c) $5\sqrt{2} - 3$. d) $5\sqrt{2} - 5$. e) $5\sqrt{2} - 2$.

252 (Fuvest 2017) O retângulo ABCD, representado na figura, tem lados de comprimento AB = 3 e BC = 4. O ponto P pertence ao lado $\overline{BC}$ e BP = 1. Os pontos R, S e T e pertencem aos lados $\overline{AB}$, $\overline{CD}$ e $\overline{AD}$, respectivamente. O segmento $\overline{RS}$ é paralelo a $\overline{AD}$ e intercepta $\overline{DP}$ no ponto Q. O segmento $\overline{TQ}$ é paralelo a $\overline{AB}$.

Sendo x o comprimento de $\overline{AR}$, o maior valor da soma das áreas do retângulo ARQT, do triângulo CQP e do triângulo DQS, para x variando no intervalo aberto]0,3[, é

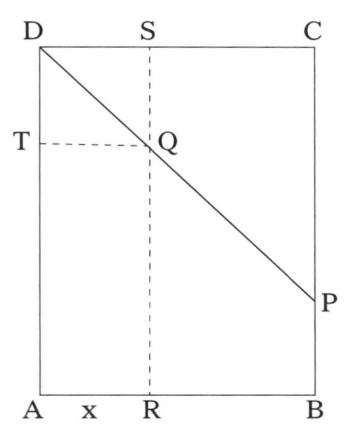

a) $\dfrac{61}{8}$. b) $\dfrac{33}{4}$. c) $\dfrac{17}{2}$. d) $\dfrac{35}{4}$. e) $\dfrac{73}{8}$.

253 Calcule a área de um trapézio retângulo, cujas bases medem 4 cm e 12 cm e o lado oblíquo 10 cm.

254 Calcule a área de um trapézio isósceles de bases 6 cm e 24 cm e perímetro 60 cm.

255 Calcule a área de um triângulo retângulo de cateto 7 cm e hipotenusa 25 cm.

256 Calcule a área de um losango de perímetro 20 cm e diagonal 8 cm.

257 Calcule a área de um retângulo de perímetro 28 cm e diagonal 10 cm.

258 Calcule a área de um quadrado cuja diagonal mede 10 cm.

259 Calcule a área de um triângulo equilátero cuja altura mede $6\sqrt{3}$ cm.

260 O comprimento de uma circunferência é 28π cm. Calcule a área do círculo correspondente.

261 Quanto mede a circunferência de um círculo com 169π cm² de área?

262 A área de um círculo é, numericamente, igual ao comprimento de seu perímetro. Quanto mede o raio desse círculo?

263 Duas circunferências de centros **A** e **B** e de raios 4 cm tangenciam-se externamente. A reta **t** tangencia as circunferências nos pontos **S** e **T**. Calcule a área da região interna ao quadrilátero ABST e externa aos círculos de centros A e B.

264 Um círculo está inscrito num triângulo retângulo de catetos 8 cm e 15 cm. Calcule a área da região interna ao triângulo e externa ao círculo.

265 Um quadrado está inscrito em uma circunferência de raio 6 cm. Calcule a área desse quadrado.

Resp: **239** C **240** B **241** B **242** B **243** D **244** C

266 Calcule a área de um círculo inscrito num triângulo equilátero de lado 6 cm.

267 Calcule a área de um círculo inscrito em um losango cujas diagonais medem 80 cm e 60 cm.

268 Um quadrado de lado 6 cm está inscrito em um círculo e este círculo está inscrito em um triângulo equilátero. Calcule a área desse triângulo.

269 Calcule a área de um círculo inscrito num triângulo isósceles de base 36 cm e altura relativa à base 24 cm.

270 Calcule a área de um círculo que circunscreve um triângulo retângulo de hipotenusa 12 cm.

271 Num triângulo equilátero ABC de lado 12 cm são traçados dois arcos de circunferência: um com centro em A e raio 12 cm e outro com centro no ponto médio de $\overline{BC}$ e raio 6 cm. Calcule a área da região compreendida entre esses arcos de extremidades **B** e **C**.

272 Num triângulo equilátero de lado 6 cm são traçados os círculos com centros nos vértices do triângulo e raios de 3 cm. Calcule área da região interna ao triângulo e externa aos círculos.

273 As bases de um trapézio retângulo circunscritível medem 9 cm e 18 cm. Calcule o comprimento da circunferência nele inscrita.

274 Três circunferências de mesmo raio são tangentes externamente, de modo que cada uma tangencia as outras duas. Se a distância entre o centro de uma e o ponto de tangência das outras duas é $5\sqrt{3}$ cm, quanto mede a área de cada círculo correspondente?

275 Considere dois círculos: um de centro em A e raio AB = 6 cm e outro de centro em B e raio BA. Calcule a área da região comum a esses dois círculos.

276 A altura de um triângulo equilátero de lado 12 cm é diâmetro de um círculo. Calcule a área da região comum ao triângulo e ao círculo.

277 ABC é um triângulo inscrito num círculo de diâmetro AB = 12 cm. Calcule a área do círculo limitada pelas cordas AB e AC, sabendo que BÂC = 30°.

278 Calcule a área do círculo que circunscreve um octógono regular de lado $\sqrt{2-\sqrt{2}}$.

279 Um triângulo equilátero de lado 6 cm está inscrito em um círculo e este círculo está inscrito em um quadrado. Calcule a diagonal desse quadrado.

280 A circunferência inscrita num triângulo retângulo ABC tangencia a hipotenusa BC no ponto T. Calcule a área do triângulo, dado que BT = 5 cm e CT = 7 cm.

281 O raio da circunferência inscrita e o da circunferência circunscrita a um triângulo retângulo medem 2 cm e 5 cm. Calcule a área desse triângulo.

282 Calcule a área do círculo que circunscreve um triângulo isósceles de base 10 cm e altura relativa a ela de 25 cm.

283 (UF-RS) Na figura ao lado $\overline{AB}$, $\overline{CD}$ e $\overline{EF}$ são paralelos, $\overline{AB}$ e $\overline{CD}$ medem, respectivamente, 10 cm e 5 cm.
O comprimento de $\overline{EF}$ é:

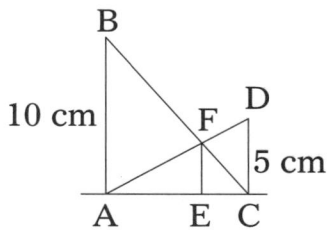

a) $\dfrac{5}{3}$ b) 2   c) 3
d) $\dfrac{10}{3}$ e) 4

284 (FUVEST-SP) No triângulo acutângulo ABC, a base $\overline{AB}$ mede 4 cm e a altura relativa a essa base também mede 4 cm. MNPQ é um retângulo cujos vértices **M** e **N** pertencem ao lado $\overline{AB}$, **P** pertence ao lado $\overline{BC}$ e **Q** ao lado $\overline{AC}$. O perímetro desse retângulo, em cm, é:

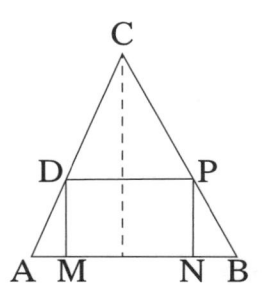

a) 4   b) 8   c) 12   d) 14   e) 16

285 (FUVEST-SP) O triângulo ABC tem altura **h** e base **b** (ver figura).
Nele, está inscrito o retângulo DEFG, cuja base é o dobro da altura. Nessas condições, a altura do retângulo, em função de **h** e **b**, é dada pela fórmula:

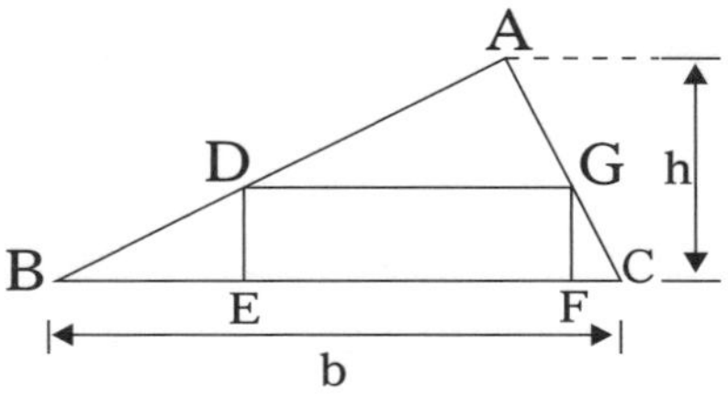

a) $\dfrac{bh}{h+b}$ b) $\dfrac{2bh}{h+b}$ c) $\dfrac{bh}{h+2b}$

d) $\dfrac{bh}{2h+b}$ e) $\dfrac{bh}{2(h+b)}$

286 (FUVEST-SP) Na figura abaixo, ABC é um triângulo isósceles e retângulo em **A** e PQRS é um quadrado de lado $\dfrac{2\sqrt{2}}{3}$. Então, a medida do lado AB é:

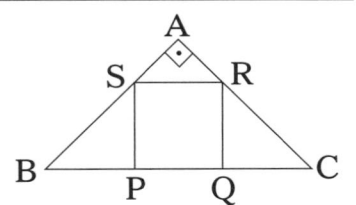

a) 1   b) 2   c) 3   d) 4   e) 5

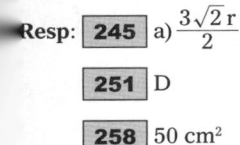

Resp: **245** a) $\dfrac{3\sqrt{2}\,r}{2}$ b) $r\sqrt{3}$ **246** A   **247** E   **248** C   **249** B   **250** A

251 D   **252** A   **253** 48 cm²   **254** 180 cm²   **255** 84 cm²   **256** 24 cm²   **257** 48 cm²

258 50 cm²   **259** $36\sqrt{3}$ cm²   **260** 196π cm²   **261** 26π cm   **262** 2 cm   **263** $8(4-\pi)$ cm²

264 $3(20-3\pi)$ cm²   **265** 72 cm²   **266** 3π cm²   **267** 576π cm²   **268** $54\sqrt{3}$ cm²

269 81π cm²   **270** 36π cm²   **271** $6(6\sqrt{3}-\pi)$ cm²   **272** $\dfrac{9(2\sqrt{3}-\pi)}{2}$ cm²

273 12π cm²   **274** 25π cm²   **275** $6(4\pi-3\sqrt{3})$ cm²   **276** $18(3\sqrt{3}+2\pi)$ cm²   **277** $3(2\pi+3\sqrt{3})$ cm²

278 π cm²   **279** $4\sqrt{6}$ cm   **280** 35 cm²   **281** 24 cm²   **282** 13 cm

283 D   **284** B   **285** D   **286** B

Impressão e Acabamento

Bartiragráfica

(011) 4393-2911